話語
有驚人的顯化力量

The Power of The Spoken Word

改變你說的話，創造你想要的世界！

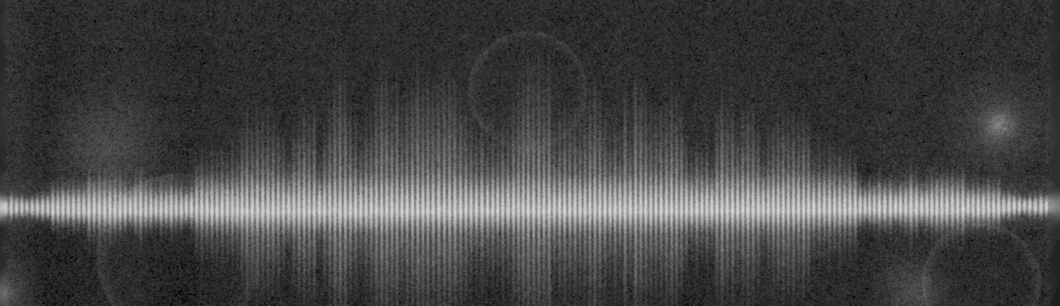

佛羅倫斯・斯科維爾・希恩
Florence Scovel Shinn —— 著　陳師蘭 —— 譯

話語有驚人的顯化力量

希恩07 改變你說的話，創造你想要的世界！

原著書名 The Power of The Spoken Word
作　　者 佛羅倫斯．斯科維爾．希恩（Florence Scovel Shinn）
譯　　者 陳師蘭
封面設計 吳佩真
特約編輯 李驊梅
主　　編 高煜婷／劉信宏
總 編 輯 林許文二

出　　版 柿子文化事業有限公司
地　　址 11677臺北市羅斯福路五段158號2樓
業務專線 （02）89314903#15
讀者專線 （02）89314903#9
傳　　真 （02）29319207
郵撥帳號 19822651柿子文化事業有限公司
投稿信箱 editor@persimmonbooks.com.tw
服務信箱 service@persimmonbooks.com.tw

初版一刷 2017年06月
二版一刷 2021年09月
三版一刷 2024年08月
定　　價 新臺幣380元
I S B N 978-626-7408-52-0

業務行政 鄭淑娟、陳顯中

～柿子在秋天火紅 文化在書中成熟～

國家圖書館出版品預行編目(CIP)資料

話語有驚人的顯化力量：改變你說的話，創造你想要的世界！／佛羅倫斯．斯科維爾．希恩（Florence Scovel Shinn）著；陳師蘭譯. -- 三版. -- 臺北市：柿子文化, 2024.08
面；　公分. --（希恩；7）
譯自：The power of the spoken word
ISBN 978-626-7408-52-0（平裝）
1.CST:說話藝術 2.CST:自我實現

192.32　　113008457

柿子官網
60秒看新世界

好評推薦

具名推薦

周介偉 光中心創辦人

各界推薦

這是一本不可多得的魔法書，它和我教導的多重開竅術裡的「心法」一樣，如果能夠與內在的指引共振，你將會用很多很多的靈感過生活；即便是面對外在的紛擾，也會有不同的洞見，而書中更是教導許多「靈性」神奇的力量，雖用西方宗教哲理在闡述，但不減它的核心精神，如能運用，將會取得無形界的資源，無窮的豐盛便隨手可得。

書中的每一句話，可以好好牢記心中，內在的美好實相，會彰顯於生活中……

——**安一心** 華人網路心靈電台共同創辦人

收到希恩新書稿件的同時，我遇見了見證語言力量的神奇事蹟。一位學員搬出家裡在外居住，房租、外食、交通費大大增加生活開銷，原本的薪水不足支付，又苦尋不著更高薪資的工作。我問他要多少薪水才夠，並請他以直覺回答，答案是：兩萬八。我順應他當下的直覺能量，請他每天早晚誠懇有力地告訴自己：「我值得兩萬八。」讓兩萬八的頻率重組未來的人生。

兩週之後，他喜出望外地跟我報告，在我與他會談後不久，他便接到一個面試通知，他坦誠向老板請特休去面試新工作，老板當下挽留他並有意另談薪資。最後，雖然他未面試上新工作，但原老板幫他加薪到每月二萬七千五百元，再加上他原有的兼職，每個月收入超過兩萬八！

希恩以兩件事貫穿這本書——言語、信念。書中有這麼一句話：「改變你的言語，就能改變你的世界，因為你的言語就是你的世界。」我不僅相信且將它奉為圭臬。改變未來從小地方做起，言語是我們內在細膩念頭的表徵，而念頭架構成真實世界，督促好每一天的言語，冥冥中已經在做好重寫未來的準備。

——**宇色** 身心靈作家

讀者迴響

★我喜歡這本書，它清楚指出——我們說出口的話如何吸引及改變情緒和生命。正確的話語能讓我們的靈魂得到療癒，我們必須改掉脫口而出負面、恐懼、生病等相關字眼的習慣。

★這本書讓我意識到自己的每一個思想和語言，都對我的生活至關重要。希恩分享的這些真理，我相信一定還有很多人都沒有聽過，但只要你還能呼吸，就都不會太晚，立刻買下這本書吧！

★如果我只能有一本書，我會選擇這本書，它有扭轉生活所需的一切真理，還有很多這些法則運作的神奇案例。

★值得你一讀再讀的經典！我們很多人都不知道，快樂、成功其實就是那麼簡單，希恩清楚且簡單說明了這些失落許久的祕密法則，只要你願意使用它們，就能親自見證它們的神奇力量。

目次
Contents

最受歡迎的成功學導師

佛羅倫斯・斯科維爾・希恩女士是二十世紀初期，紐約的一位藝術家暨形上學老師。她的著作非常不可思議——內容相對來說不長，但是都發人深省。她在書中表明，我們可以享受健康、財富和幸福等各方面都圓滿的贏家生活，並且分享許多個案的真實生命故事，來闡述正向積極的態度和堅定的信心，以及如何百戰百勝，成功讓一個人成為生命的「贏家」——也就是能夠透過對心靈法則的認識，來掌控各種生活狀況，並達到各方面的富足。

希恩女士是上個世紀最受歡迎的成功學導師之一，並且很顯然的，在她的全盛時期，她自己就是其學說的成功案例之一——她的演講場場爆滿，她的著作不僅在美國大受歡迎，還廣為流傳到全世界。

佛羅倫斯・斯科維爾・希恩在一八七一年九月二十四日誕生於紐澤西州的坎頓市，她母親是賓夕法尼亞州的愛蜜莉・霍普金森，父親是奧爾登・寇特蘭・斯科維爾，在坎頓從事法律相關工作。

佛羅倫斯上有一個姊姊、下有一個弟弟，她曾經就讀費城的貴格中央學校，並且在一八八九到一八九七年間於賓州美術學院修習藝術。在那兒，她遇見了未來的丈夫——艾弗列特・希恩（一八七六至一九五三年），他是一位相當知名的畫家，其印象派油畫和寫實主義壁畫都頗負盛名。

雖然佛羅倫斯在美術學院受教育，但她筆墨繪畫的成就，卻是得自與生俱來的天賦，而非技藝訓練的結果。希恩女士從美術學院畢業後不久，就和艾弗列特結婚了。兩人搬到紐約，在那兒各自追求不同藝術領域中的事業成就，艾弗列特對劇場很有興趣，不但參與劇院設計、為劇院畫畫，還在工作室兼住家的自家後院建了一座小型的劇院，就在韋弗利廣場一一二號（華盛頓廣場附近）。他還組了一支韋弗利劇團，並且寫了三齣戲劇，每一齣戲都由希恩女士擔任主角。

在第一次世界大戰前，她是一名插畫家，為暢銷的兒童文學雜誌和書籍作畫。西元一九一二年，在結褵十四年後，艾弗列特要求離婚。

西元一九二五年，希恩女士完成了第一本著作《失落的人生遊戲與天意藍圖》，但卻沒有出版社願意出版，因此她只好自掏腰包出版。一九二八年，《召喚奇蹟的圓夢說話術》出版。一九四〇年，《想像力是完美人生的剪刀》付梓，出版後不久，她就於一九四〇年十月十七日辭世。本書是希恩女士的筆記精華，由她的一位學生收集編纂，並於一九四五年出版。

希恩女士總能夠用一種非常生動有趣且易讀的風格，來闡釋她的成功法則，以及這些法則如何運作。雖然希恩女士的「生命遊戲」已於一九四〇年邁入了另一個更高更廣的領域，但她的藝術作品和激勵人心的著作，早已經在地球這塊生命畫布上，留下了難以磨滅的印記與影響，它們將繼續為全世界世世代代的男男女女們，開拓更寬廣更遠大的生命視野。

希恩女士的靈性備忘錄

佛羅倫斯・斯科維爾・希恩在紐約教導形上學多年，她的演講總是場場爆滿，藉著這樣的方式，她能夠為非常多的人闡述她的訊息。

她的著作不僅在美國大受歡迎，還廣為流傳到全世界。它們似乎有一種本領，可以找到自己的方式遠遠地向外發展，直達歐洲一些意想不到的地方，以及全世界各個角落。因此我們時常會遇到某個人，他在某個最不可思議的地方，發現某一本佛羅倫斯・希恩的著作，因而掌握了真理。

她成功的祕訣之一，就是她永遠都做自己——口語、輕鬆、親切，而且幽默。

她從來不曾試圖讓自己成為艱澀文學、僵化傳統乃至令人敬畏，正因為這樣，她才能得到成千上萬人的喜愛。如果她當初採取的是更尊貴守舊的方式，這些人很可能永遠都不會接受這些心靈訊息，因為他們從來就不會去閱讀（至少在一開始不會）那些標準的形上學書籍。

她本人也是充滿靈性的，雖然這一點通常都隱藏在她討論主題時，輕描淡寫並輕鬆愉快的態度之後。一板一眼的規格技巧和學術理論都不是她的風格，她一向都以大家熟悉的、實用的且日日常生活中每天都會發生的事物來做例子，藉此讓人們理解。她來自一個古老的費城家族，在成為真理導師之前，她一直是一位專業的藝術家暨圖書插畫家。

她留下了大量的筆記和備忘錄，經過集結整理而成為現在這本書，但願它也能廣為流傳到全世界。

——艾密特・福克斯（Emmet Fox）

Chapter 1

像孩子般祈禱

——毫不懷疑的享受願望——

我擁有你們不知曉的武器，我擁有你們不了解的方法，能使你們驚奇讚歎。

「我擁有你們不知曉的武器！我擁有你們不了解的方法！我擁有你們不認識的管道！神祕的武器，神祕的方法，神祕的管道！因為神就是以神祕的方式，完成祂奇妙的神蹟。」

◆大部分人的問題是，他們想要在事前就知道那個方法和管道，他們想要告訴高靈智慧如何回應他們的祈禱才是正確的，這是因為他們不相信神的智慧和巧思。

他們禱告，但同時又要無垠的高靈智慧照著特定的方向進行運作，因而限制了以色列那位聖者的大能。耶穌基督說：「當你禱告時，相信你必得到，就必得到。」還有什麼比這個更簡單、更直接？「你們若想入我的國，就要讓自己變得像小孩子一樣。」我們不妨就套用《聖經》中的話語來說，只要**像孩子般地期望**，你的禱告就將得到回應。

聖誕節時，一個孩子帶著歡樂的期待，等著看他會收到什麼玩具，為了方便舉例說明，我們就當這個小男孩要求一只小鼓當做聖誕禮物吧！

這孩子並不會在夜裡躺在床上輾轉反側無法成眠，整晚煩惱著他的小鼓，懷疑自己到底能不能得到它；他會乖乖上床，熟睡得像個木頭，然後在隔天一早跳下床，等著享受歡樂的一天。不論來到他面前的是什麼，他都能以驚奇讚歎的眼光來面對。

大人們就不同了，他們會徹夜無眠，整晚都在煩惱那些折騰人的問題。那當然不是小鼓，他要求的可能是一大筆金錢，他完全想不出有什麼方法可以得到它，以及它能夠及時出現解困嗎？他會告訴你，他對神擁有無懈可擊的信念，但他就是想要知道更多關於達成管道和如何達成的方法細節。

答案就在這裡：「我擁有你們不了解的武器！」「我的方式是巧妙的，我的方法是可靠的。」

「相信我，把你的方式交託給我。」對大部分的人來說，把你的方式交託給神，似乎是非常困難的一件事。當然了，這表示你得**跟隨直覺**，因為——

◆直覺是一條神奇的道路，是你實現願望的最短距離。

直覺是凌駕智能之上的精神力量，它是「心靈深處的微小聲音」，我們一般稱之為**第六感**（或靈感），它會說：「這是正路，要行在其間。」我會很常提到直覺，因為它是靈性發展最重要的一部分，那是神的指引，神就住在其中。那是看顧著以色列，從不歇息、不睡覺的眼睛，在那眼中，沒有事情是無足輕重的——「在你一切所行的路上都要認定我，我必使你的路徑平坦正直。」

◆記住——千萬別輕視平凡的小日子（或是看似無足輕重的小事）。

對於一向都聽從理性思維的人來說，要他們突然順從直覺，絕對是非常困難的事，尤其是那些擁有所謂規律生活習慣的人們，他們通常都在每天固定的時間做固定的事：用餐時間如機械錶般精確準時，在特定的時間起床，也在特定的時間上床睡覺——任何一點小誤差都會讓他們心煩意亂。

然而，我們是有**選擇權**的——我們可以選擇直覺的神奇道路，或者是跟隨理性思考，走上依經驗判斷而得的，既漫長又艱辛的路途。

◆跟隨超意識，我們能夠登峰造極。

◆在直覺裡，盡是永恆青春，以及不朽生命的影像；在那兒，死亡本身已經被征服……。

我們絕對**有能力**將這永恆青春和不朽生命的影像，深深銘刻在**潛意識**的心中，身為沒有特定方向的單純力量，潛意識將執行實現這個概念，我們的軀體會蛻變轉化為永恆不死之身。在電影《失去的地平線》裡能稍稍看到這個概念的展現，香格里拉正是「仙境」的象徵意象，在那兒，所有的狀態都是完美的。

你的身體和所行之事，都有一個靈性原型，我稱之為**「神聖設計」**，這個「神聖設計」是你超意識心中的一個完美理念。要以身體和活動來體現這份完美理念，對大部分的人來說都還差得太遠。他們在潛意識中烙印下疾病、衰老和死亡等負面意象，於是潛意識便開始認真的執行這些命令。現在，我們必須下達一個全新的指令：「現在，讓我在心靈、身體和所有事務上都展現出神的完美理念！」只要不斷

重複這句話，你就能將它銘刻在潛意識中，很快的，你就會因為隨之發生的改變大感驚異讚歎。你會被不斷出現的新想法和新理念所淹沒，你的身體將出現某種化學變化，你身旁的環境狀況會變得愈來愈好，因為你正快速地向神的計畫前進發展，那兒所有的狀態，永遠都是完美的。

「眾城門哪！抬起你們的頭來；古老的門戶啊！你們要被舉起，好讓榮耀的王進來。那榮耀的王是誰呢？就是強而有力的神（律），在戰場上大有能力的神。」

現在，請記得《聖經》談論的是意識的思維與狀態，而這裡有一幅屬於超意識心靈的完美理念影像，正奔騰激湧進你的意識心靈。城門和門戶都打開了，「榮耀的王」進來了。

「那榮耀的王是誰呢？就是強而有力的神（律），在戰場上大有能力的神。」

這位榮耀的王擁有你們所不知道的武器，並且用它來對付入侵者的軍隊——已經在你的意識中盤踞多年的負面思想。這些負面思想總是能擊潰你心中浮現的渴望，因為你不斷地想著同樣的事，在潛意識中建立了這樣的思考模式，你已經牢牢地建立了一個既定的想法：「生命是艱苦的，永遠充滿了失望。」而這些想法，就會成為具體的生活經驗來到你面前，因為——

◆心中的想像會走出來，成為真實生活的體現。

「我的道是安樂！」我們都應該在意識上建立一幅平安、和諧與美好的影像，有一天它自己會讓那影像成為真實。神所設計的，關於你生命的完美理念，經常會在你的意識中閃現，但你通常都會認為它太過美好，簡直不像是真的。

只有極為少數的人能夠完成他們的**天命**；所謂的天命，就是你註定要成為的角色——我們的生命，原本就具備了完成神的計畫的全套裝備，我們絕對能夠面對並克服所有的情勢。如果我們能讓這些話語付諸實現，那麼大門就會迅速打開，所有管道皆暢通無礙。

我們可以真切地聽見神性活動的低吟聲，因為我們已與無上高靈連結在一起，而高靈是從來不失敗的，各種機會將從我們意想不到的地方出現，神性活動會在我們所有的行動中一路運作發揮，最後神的完美理念就會成為真實。

神是愛，神也是律法。「你們如果愛我，就會遵守我的命令（或律法）。」歐尼斯特‧威爾森醫師曾經告訴我，他在讀愛默生（Emerson）的《專注》時，第一次對真理有了認識。

◆專注，代表全神貫注的愛，我們可以看到孩子們在遊玩時，都是充滿喜愛而且全心全意的。

◆我們只有在極度吸引我們的領域裡，才能獲得成功。

偉大的發明家絕對不會對他們的工作感到厭煩，因此才能帶出了不起的發明。同樣的，永遠不要逼迫孩子們去做他們不想做的事，因為那只會帶來失敗。通向成功的第一步，就是**開開心心做你自己**，有太多人對自己感到厭煩、對自己沒有信心，永遠都期待自己可以變成另一個人。

我在倫敦的時候，曾經看到有人在街上宣傳一首新歌，歌名就叫做「我愛極了我是我！」我覺得這真是一個絕妙的好點子——

◆從喜歡你是你自己開始！

然後，你就能快速地發展，進入神為你的生命所做的美好計畫，在那兒實現天命。你可以放心確信，神為你的生命所做的美好計畫，一定能為你帶來全然無上的愉悅滿足，你再也不會去羨慕任何人。不過，人總是很容易就失去耐心，變得灰心喪氣。對於這一點，我在讀一篇關於著名賽馬奧馬哈的文章時，受到很大的啟發。那篇文章說：「奧馬哈得跑過一英里，才能到達全力發揮時的步伐速度。」毫無疑問的，世界上有許許多多的奧馬哈，但他們都能在瞬息之間，就達到他們靈性上的大步發展，並且贏得比賽。

「你要以神為樂，他就把你心裡所求的賜給你。」你要以法為樂，他就把你心裡所求的賜給你。「你要以法為樂」，代表你要**很享受**向神求取願望。你要充滿喜樂的相信神，就是開心地跟隨你的直覺引導。大部分的人都說：「噢！老天！我又得跟神求財了！」或者是「噢！老天！我的直覺讓我緊張得半死，我實在沒有『神經』去跟隨它們。」

真是怪了，人們很喜歡玩高爾夫或是網球，為什麼我們就不能享受地玩一場生命遊戲？

那是因為：在這場遊戲裡，我們玩的是一種**看不到的力量**，當我們打高爾夫或是網球時，我們可以看到那顆球，也有肉眼可見的明確目標，但是這場生命遊戲的重要性，遠遠超過太多，那看不到的目標，是神為你的生命所做的完美計畫，在那兒，所有的狀態永遠都是完美的。

「在你一切所行的路上都要認定祂，祂必使你的路徑平坦正直。」

◆假使能每一分每一秒都與直覺連結，它就會為我們提供猶如路標般明確清楚的指引。

許多人都過著無比複雜的生活，只因為他們都試圖用思考來想出答案，而不是靠「直覺」來找到出路。

我認識一位女士，她自稱已完全掌握真理的知識，並且運用自如。可是當她遇到問題的時候，卻試圖針對整個情況做細密的分析推論、輕重權衡與評估考量，而問題從來就不曾因此得到解決。

◆當理性思維在場的時候，直覺就飛出窗外啦！

◆直覺是一種靈性的力量，是超意識，從不自我解釋，它會化為一個聲音來到我面前，說：「這是正路，要行在其間。」

有人曾問我，難道理性思維真的一點好處也沒有？噢，理性思維必須先退出，相信靈性法則，「然後你就能理性思考。」

至於你的工作，就是讓自己成為一個**愉快的接收者**，準備好接受所有的賜福與喜悅，並且充滿感恩，然後奇蹟就會發生。

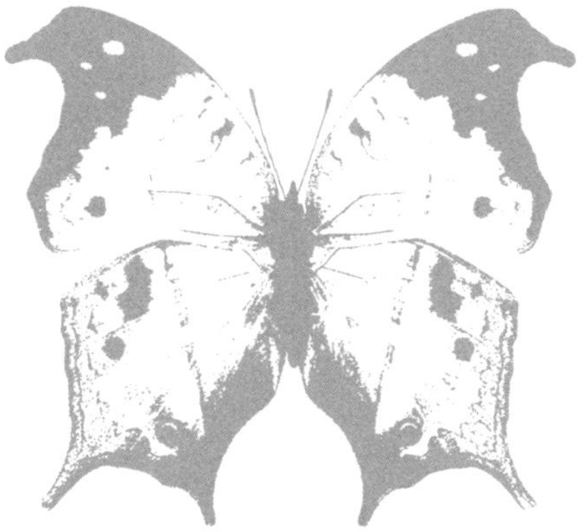

顯化豐盛的話語

1．現在，讓我在心靈、身體和所有事務上都展現出神的完美理念！

2．我的道是安樂！

3．我知道某些無法預料的好事會發生在我身上。

4．我無法遠離送禮的神，因此我無法遠離神這份禮物；這禮物就是活生生的神。

5．我愛極了我就是我！

6．無窮的上天，請引領我該怎麼做，如果有什麼是我該做的，請你讓我知道。

7．現在我期盼令人歡欣的好事以出乎意料的方式出現。

8．我們的生命，原本就具備了完成神的計畫的全套裝備，我們絕對能夠面對並克服所有的情勢。

Chapter 2

你唯一的敵人是自己

——用話語啟動神性的力量——

所有的權柄都賜予給我，好將我的天國帶到這地上。

力量，是神賜給人的禮物，使人們有權力能統領一切的受造物，包括他的心靈、他的身體、他的一切事務。

◆所有的不快樂，都來自於缺乏力量，人們把自己想像成軟弱無力，讓自己成為命運的受害者，然後宣稱：「無法控制的狀況」導致了他的失敗。

的確，是人自己讓自己成為命運的犧牲者；然而，只要能與神的力量連結，一切事情都是有可能的。

透過對形上學的認識，我們發現了能夠做到這一點的方法：透過你的**語言**來接上這股力量。然後很神奇的，所有重擔煩憂都消失了，每一場戰役都能取勝。

◆生與死都取決於舌間的力量。

請務必全神貫注保守你的言語，因為你會不斷收割自己**言語的果實**。「那得勝的，又遵守我的旨意到底的，我必把統治列國的權柄賜給他。」所謂的得勝，是指克服所有疑慮、恐懼和負面思考，一個人若能擁有完美的平和與全然的沉穩，心中充滿愛與良善的意志，必能化解所有負面思考，如同冬雪在陽光下消融殆盡。

耶穌基督說：「所有的權柄都賜予給我，好將我的天國帶到這地上。」我們為此充滿感恩與歡欣，因為這句話將要成真了——邪惡不是真實的，不會留下染汙。這股神的力量就在你心中，在你的超意識心靈裡，這是靈感、啟示和光明的領域，是美好奇蹟和驚異神蹟的世界。看似不可能的改變會為了你的幸福**快速**發生，在無門之處開啟一扇門，資源會從**意想不到的**隱蔽管道中出現，因為「神擁有你不知曉的武器」。

要發揮這份神性力量，你必須使用正確的方式，並且先把理性思維停下

來。在你發出請求的那一剎那，無垠智慧就已經知道如何賜予，我們要做的就是**歡喜接受**並**表達感恩**，然後跟隨信念行動。英國一位非常知名的女士說了這段經驗：當她滿懷感情與渴望地要求能認識神的時候，某些話語倏忽出現在她心中：「就算曾經不是，也要表現得現在就是。」這正是我一而再，再而三強調的——只有**積極的信念**才能銘刻在潛意識中，除非你不斷地銘刻潛意識，否則是沒有用的。我現在要跟你們說一個案例，讓你們明白這法則如何運作。

一位女士前來找我，她內心渴望著一個完美婚姻和幸福家庭；其實她已經有一個很喜歡的對象，但那人卻是一個糟糕的傢伙，當她為他付出所有的殷勤關懷與摯愛奉獻後，他突然變了，並從她的生活中徹底消失，她非常痛苦、怨恨與沮喪。我告訴她：「現在正是妳為妳的幸福家庭做準備的時候，去為它買些小東西，就像妳已經擁有這個家庭且急需這些事物一樣。」於是她變得非常熱衷，忙著為這個幸福家庭購物準備，即使一切情況看起來都是背道而馳。

「現在，」我說，「為了符合這個狀況，妳必須讓自己更臻完美，讓所有的忿恨和痛苦都無法接近妳。」然後我給了她這句話：「我現在遠離一切的痛苦和忿恨，我的沉穩建立在磐石之上，基督就在其中。」我說：「當妳遠離一切的痛苦和忿恨，就能得到這個人，或是能取代他的人。」

幾個月後的一個晚上，她來看我，跟我說：「我現在對這個人只有無盡的寬容和友愛，如果他不是神為我揀選的人，那麼我很高興他離開了。」

不久之後，她再一次碰到這個男人，男人對於自己的所作所為感到非常抱歉，並且請求她的原諒，沒有多久他們就結婚了。一個幸福的家庭成為真實生活，這一切都是因為她積極的信念而自然發生。

◆你唯一的敵人，就是你自己。

這位女士的敵人，就是痛苦和忿恨，它們絕對是毒蛇與蠍子，許多生命都是毀在這兩個敵人手中。然而，一旦與神的力量連結，所有的對立就從這位女士的生活中消失了，沒有任何事物能用任何方法傷害她。

想想看，能夠過著完全沒有痛苦經驗的生活，會是多麼美好。而我們只要在每一時每一刻，都清楚明白地與神的力量連結，就能達到這樣的境界。

✲

在《聖經》裡，曾經多次提及**「力量」**（Power）這個詞，比如說：「你要記念上主，你的神，因為得財富的能力是他賜給你的。」

一個擁有富足意識的人，會吸引更多富足；懷著貧窮意識的人，則會吸引到窮困。我見過許多印證這真理的人，他們與內在的神性力量結合，不仰賴外在力量，一心信靠神所賜予的無上力量，終於從貧乏與困頓中崛起——因為只有那無上的高靈才知道實現成就的道路，「倚靠祂，祂就必成全。」

我們對真理的認識，能教給我們的唯一一件事，就是「神是唯一的力量」——唯一的力量，唯一的存在，唯一的計畫。

當你抱持著堅定的信念，認為全宇宙只有一個力量——神的力量，那麼，所有的邪惡意象都將從你的世界中消失。要讓願望成真，我們必須承認世界上**只有一種力量**，邪惡都是來自於人自己內心的「虛妄想像」，只要將所有的邪惡力量抽掉，它就無力再造成任何傷害。我跟你們說一個案例，好看看這個法則如何運作。

有一次，我跟一個朋友約在餐廳，她不慎把一些東西灑在衣服上，很懊惱地覺得會在衣服上留下汙痕。「我們會把它處理掉的。」我說，隨後又說了這幾句話，「邪惡是虛妄的，無法留下任何汙痕。」

最後，我說：「現在，別看它了，把它交給無上的高靈。」

大約一個小時後，我們檢查她的裙子，那兒沒有留下任何一絲汙痕。

對小事有用的真理，對大事也一定有用。你可以把這個句子用在過去的霉運或是錯誤上，在神的恩典下，過去這些霉運或錯誤的影響力，將會以某種未知的方式消失殆盡，不留一點痕跡。許多人都選擇使用個人的力量而非神的力量，使用個人力量，表示你得強制逼迫你的個人意志，因此導致痛苦的結果。

很久以前，我認識一位女士，她丈夫的工作是為報紙畫連環漫畫。他的漫

畫需要非常大量的粗話俚語，因此不論任何場合狀況他都說著這些話。她覺得他應該接受一些心性陶冶，讀一些古典著作。於是他們搬到一座大學城，以便他能去上大學——她非常堅持他得去讀大學。起初他有一點抗拒，但後來卻愛上了！

很快的，他就深深沈浸在古典經籍中，除了柏拉圖和亞里斯多德，不再談論別的事。後來，他要求和他們一樣的簡單食物，並且希望以他們烹調食物的方式來烹煮。最後，她的生活變成了一場惡夢。從那以後，她再也不曾試圖改變別人。

◆唯一要改變的，只有你自己。當你做出改變，你周圍的一切就會跟著改變，人們也會隨之改變。

◆當你不受某個狀況干擾，它就會因為自己的重量而墜落消失。

你的生活即你所有潛意識信念的展現，不論走到哪裡，都隨身帶著這些變數。

「在神以及祂的偉大力量中，我非常堅強。」「我擁有無數的力量之主做我的後盾。」力量意味著支配，而支配代表著控制。人能夠藉著對心靈法則的認識，來**掌控**所有情況。假設你的問題是匱乏或缺陷，那麼你急需補給，請與你內在的神之力量連結，並感謝你收到的即時補給。若你的情況迫在眉睫，或你心中充滿了疑慮和恐懼，請**尋求專業人士**來協助，讓他幫助你把事情**看得更清楚**。

一位男士告訴我，他在匹茲堡的一個真理中心裡，聽到人們在談論我，於是他問：「到底誰是這個見鬼的佛羅倫斯・斯科維爾・希恩？」有人回答他：「噢，她就是《失落的人生遊戲與天意藍圖》的作者，如果你寫信給她，她就會回應給你一個奇蹟。」於是，這位男士說他立刻就寫了一封信給我，並且得到了見證。

耶穌基督說：「若是你們中間有兩個人同心合意地求什麼事，我在天上的父必為他們成全。」

◆如果你自己無法看清楚你有多美好，別猶豫，趕快尋求協助。

耶穌對他所治癒的人們都看得清晰無比，所以他沒有叫他們回去自己治療自己。當然，你絕對可以到達不需要任何協助的境界，只要你心中已懷有堅定的信念，相信神的力量就是唯一力量，神的計畫就是唯一的計畫。

我們不能從無上高靈那兒取走任何祝福——

◆祝福必須是被「賜予」我們的才行，人的本分就是要做好一個充滿感恩的接受者。

「看哪！我已經給你們權柄可以踐踏蛇和蠍子，又勝過仇敵一切的能力，斷沒有什麼能害你們。」「你派他管理你手所造的，使萬物——就是一切的牛羊、田間的走獸，都服在他的腳下。」這就是神對人的想法，但是人對自己的想法卻是受限和失敗的，似乎只有在某個重大時刻，人們才會升起力量來掌控情勢。

我們總是要到面臨某個匱乏的狀況之時，才會忽然展現出那股**早就賜予給我們**的力量。

我曾經認識許多人，他們總是又緊張又焦慮，可是當面臨到一個重大狀況時，卻又突然變得充滿力量，指揮若定。

「聽著！以色列人哪！你們不必爭戰，只管站著，觀看神今天要為你們施行的救恩。」

人們常常會問：「只管站著是什麼意思？難道我們什麼都不必做嗎？」所謂的「只管站著」，就是叫我們要**保持穩定**，**做好準備**。我曾經跟一位既緊張又焦慮的人說：「放輕鬆，等著看神的救恩。」結果他回答道：「我的天哪！這對我真是太有用了！」

◆大部分的人都太用力了，他們隨時都背著重擔，努力在自己的戰場上奮戰，永遠都是處在混亂騷動中，永遠都得不到我們所謂的「見證」。

站到一邊去吧！好好看著神的救恩就好。

我們不妨就套用《聖經》的話來改變一下說法：「聽著！以色列人哪！只顧一味奮戰，你將永遠無法贏得這場戰役——把它完完全全地交在我的手中吧！讓我將勝利賜予你。」

跟隨直覺的神奇道路，你將遠離所有的紛亂障礙與爭執摩擦，一路直達你的成功**見證**。

記得我們曾經談過，不要輕視任何一個平凡的小日子，如果你把任何一件事視為無足輕重，那就鑄下大錯了。

某次，我要到商店購買兩樣東西，在我附近有兩家商店，一家比較貴，另一家所有商品都較便宜一些。兩家賣的東西完全一樣，因此，我的理性頭腦當然告訴我：「去便宜的那一家。」但是直覺卻說：「去貴的那一家。」想當然爾，我選擇了那條神奇道路。

到貴的那家商店後，我告知店員要買什麼東西，結果店員說：「喔，這兩樣東西今天買一送一，因為它們是促銷商品之一。」

就這樣，直覺帶領著我到正確的地方，並且讓我以漂亮的價格得到我要的東西。老實說，雖然價錢只差了五毛錢左右，但是直覺永遠會為我們取得最大的利益，如果我一心只想著要撿便宜，就會去另一家店，結果就會付兩倍的錢買同樣的東西。

從**小事**中學習，就是為掌控大事做好準備。

透過仔細研究《聖經》，我們會發現，神賜予人們的**禮物**就是力量，所有的事情狀態和環境形勢都是自動隨之而來。神賜予人們康復的力量，祂賜予人們克服大自然的力量，祂給予人們療癒疾病的力量，以及驅趕惡魔的力量。

「那些仰望神的人，必重新得力；他們必像鷹一樣展翅上騰；他們奔跑，也不困倦，他們行走，也不疲乏。」

現在我們都能了解，這無懈可擊的力量就在每一個人的內心之中，隨時都能取得。「凡求告神的名的，都必得救。」於是我們發現，話語，是將人與全能的神連結起來的工具，那無上高靈能夠輕易地提起所有的重擔，戰勝每一場戰爭。

顯化豐盛的話語

1．邪惡是虛妄的，無法留下任何汙痕。

2．我現在遠離一切的痛苦和忿恨，我的沉穩建立在磐石之上！

3．在神以及祂的偉大力量中，我非常堅強。

4．我擁有無數的力量之主做我的後盾。

5．這些壞事對我一點影響也沒有。

6．我把這個情況交給無窮的愛與智慧；如果這是上天的旨意，我願意獻上祝福；如果這不是上天安排的計畫，我也獻上感謝，因為現在這個問題已經消失了。

7．我將匱乏的重擔卸下給內在的神性，我就自由／得到許許多多了。

8．現在我為了上天是我的禮物而感謝這位給予者。

9．我又看見了一個新天新地；不再有悲哀、哭號、疼痛，因為以前的事都過去了。

Chapter 3

與奇蹟振盪共鳴

—用讚美和感恩來勇敢要—

人被賦予力量和權柄，能統轄一切受造物。

我在字典裡找到**「榮耀」**這個字，它的定義是光芒四射、氣勢恢宏。「我的雙眼已看到神的榮光。」表示法則已在運作；我們無法看到神，因為神是在我們之內的法則、力量和無上高靈，但我們能看到神存在的證據。「藉此試驗我，看我是不是為你們敞開天窗，把福氣倒給你們，直到充足有餘呢！」我們要運用神的力量，並以信任它來做一切工作，藉此來證明神；每一次得到見證，都是在證明神。

如果你還沒有得到你全心渴望的事物，那一定是你「要錯了」，也就是說，你一定「沒有正確的祈禱」。你以什麼樣的方式送出你的請求，就會以同樣的方式得到回應。你沉悶沮喪地渴望，就會得到沉悶沮喪的回應；你急躁的渴望，就會得到長久的等待，或是粗暴、糟糕的結果。假設你生活在貧困的環境中，而且正因為匱乏和困境而憤恨不平，然後你帶著滿腔這樣的情緒說：「我想要住在環境優美的大房子裡。」那麼，有一天你會發現自己在一個環境優美的大房子裡當看門雜工，而那些富裕奢華與你無關。

我之所以會有這樣的想法，是因為某天我經過安德魯・卡內基（二十世紀初的鋼鐵大王暨首富）位於第五大道上的房子和庭園時，它的門戶緊閉，大門和窗戶都用木板封了起來，只有一扇位於地下室的窗戶開著，那是看門人住的地方。那真是一幅令人沮喪的沉悶畫面！所以，要以**讚美**和**感恩**的心來要求（希望），這樣你就會看到法的榮光開始運作。

所有生命都在**振盪共鳴**，而你會把這振盪與你注意的事物相連結，也就是說，你會跟與之振盪共鳴的事物連結在一起。若你和不公不義及憤恨不平振盪共鳴，那麼在你的道路上，每一步都會遇上它們，最後你當然會認為這是一個艱苦的世界，每個人都跟你作對。赫米斯・崔斯莫吉斯堤斯（Hermes Trismegistus，三重偉大的赫米斯）幾千年前就說過：「要改變心境，就得先改變你的振盪共鳴。」我的體悟更加強烈，我會說，要改變你的世界，一定要先改變你的振盪共鳴。只要在你的思想電池裡打開另一條全然不同的電流，就能馬上看到改變。

如果你已經對人們感到憤恨，並且說沒人賞識你，那麼試著改說這句話語：「神賞識我，因此人們也賞識我，我也欣賞我自己。」很快的，你就會得到一些外來的讚賞。

你現在是一名藝匠大師，你的工具就是你的話語，請確定你是依照神的計畫有建設性的建構人生。佐華德法官（Thomas Troward，十九世紀時的新世紀運動作家）曾說：「人是神之力量的發送者，而非創造者。」我們在《聖經》中可以看到：「人算什麼，你竟顧念他？世人算什麼，你竟眷顧他？你叫他比天使微小一點，並賜他榮耀尊貴為冠冕。你派他管理你手所造的，使萬物，就是一切的牛羊、田野的獸、空中的鳥、海裡的魚，凡經行海道的，都服在他的腳下。」你已經將萬物都放在我們的理解之下。

我們現在正進入一個理解的時代，我們不再只有鄉野人的信念，我們擁有清楚的信念。所羅門曾說：「要用你所得的一切換取理解。」了解靈性法則的運作，這樣我們才能以建設性的方式來**發送**我們之內的這股力量。

這法則最基本、最重要的一條，就是你希望別人如何對你，就以那方式對待他人，因為不論你送出什麼，它都會回到你自身。

◆你如何對待他人，就會得到同樣的對待。

因此，一個不批判他人的女人，就可以保護自己免於被批判，而愛論人是非的人，一定也會受到他人評論和批判，因為他們就生活在同樣的振盪共鳴中。除此之外，他們一定會得風濕病，因為他們那尖酸的思想會在血液中製造出酸素，使他們關節疼痛。

我曾在報紙上看過一篇報導說，有位醫師的某一位病人，有著奇特的經驗。這位女士每逢婆婆來探視時，就會生瘡（boil）。其實這沒什麼好奇怪的，因為她的內心充滿怒火——我們經常會聽到人們說他們怒火中燒，不是嗎？所以這沸騰的怒火（boil）就反應在她的身體上了。這裡當然不是說所有的婆婆都讓人怒火中燒，我認識許多非常美好的人，他們跟婆婆或岳母之間的關係和睦、融洽。皮膚的疾病顯示了你皮膚下的東西，你一定是處在煩躁或憤怒中。

我們在這裡再次看到，人其實是透過**自己**來運用神的力量。只要你的振盪能跟這股力量共鳴，那麼，萬物都將服在你的腳下。「一切的牛羊、田野的獸、空中的鳥、海裡的魚，凡經行海道的，都服在他的腳下。」對人類而言，這真是一幅充滿力量和統馭的畫面！

人類擁有能夠控制各種元素的力量和統馭權，我們應該能夠「斥責風與浪」

（指聖經馬可福音4：39中，耶穌斥責風浪使之平息的故事），我們應該能夠終結乾旱。我在報紙上看過，在某些乾旱地區的人們，會被要求不得歌唱：「那就永遠不會再下雨了！」因為對大自然神祕力量的了解，他們很清楚負面語言的力量，他們覺得乾旱一定有某些原因。我們應該有能力終結洪水和疫病，因為「人被賦予力量和權柄，能統轄一切受造物。」而每一次的見證，都在證明我們的力量與權柄。

我們一定要在意識中打開大門，好讓榮耀的王進來！

當我們讀到：「你的眼睛若瞭亮，全身就光明。」就能感到全身似乎滿溢出內在的光輝。瞭亮的眼睛，指的就是你只看到美好的一面，不受災難困頓的外象干擾。就如耶穌基督所說：「不可按外貌斷定是非，總要按公平斷定是非。」在無關要緊的小事中藏著**神祕的法則**，而耶穌基督了解那法則，「沒有任何患難能動搖我！」我們可以用我們現代的語言來說：「沒有任何患難能干擾我！」

◆自私和個人意志，都會帶來挫折與失敗。

「如果不是耶和華建造房屋，建造的人就徒然勞苦。」想像力就是一種創造力，而你心中的恐懼影像將展現於外；外在呈現的一切困頓，都是你扭曲想像的成果。若能夠帶著瞭亮的眼睛，人將只會看到真理。他將能看透災難困頓，知道幸福美好將從中來臨。他能發送良善美好的意念，將不公義扭轉為公義，讓那看似真實的敵人繳械消失。他擁有無數的力量主宰做後盾，因為瞭亮的眼睛只看見勝利。

我們在獨眼巨人的神話中讀到，西西里島上曾經住著一個巨人族，這些巨人只有一隻眼睛，位在額頭正中央。而我們的想像力系統就位在額頭（兩眼中間），所以這些神話巨人正是出於這個概念。也就是說，當你擁有「瞭亮之眼」時，就絕對是一位巨人。

最偉大的導師耶穌基督曾經一再告訴人們：「現在就是悅納的時候，現在就是拯救的日子。」

前幾天，我看了一部電影，它說的是，任何想要活在過去或是把過去帶回來的努力，都是徒勞無功的。那是一部法國片，片名是「生命共舞」：

一位女子，她在十六歲時參加了第一場舞會，如今她已是一個三十五歲的寡婦。她為金錢結婚，從來不知道快樂是什麼。

在焚燒老文件時，她無意間看到一張褪色的舞會節目單，上頭寫著六個男生的名字，那是她曾在舞會上與之共舞的六位舞伴，每一位都曾發誓會愛她一輩子。當她手中拿著這張節目單坐下時，那場舞會的回憶畫面開始出現在螢幕上，那是多麼可愛的畫面啊！在一曲令人著迷的華爾滋旋律裡，舞者幾乎要飄浮了起來。

她的生命現在一片荒蕪，她決定找出那幾位名字在舞會單上的男生，看他們現在過得如何，藉此找回自己逝去的青春。一位一直陪著她的朋友說：「妳不可能再抓回逝去的青春，若妳真回去了，將會失去現在擁有的一切。」

不過，她還是去找他們了，結果只得到一次又一次的幻滅。一位男士完全不記得她是誰，當她說：「你不記得我了嗎？我是克莉絲汀啊！」結果他回答：「哪個克莉絲汀？」另外幾位則過著悲慘不堪的生活。最後，她回到少女

時代居住的小鎮，第五位男士還住在那兒，並且已經成為一位美髮師。他一邊幫她燙髮，一邊跟她聊著過去的快樂時光，最後他說：「我猜妳一定不記得妳的第一場舞會了，就在這裡，這個小鎮上。正好，今天晚上，就在同樣的地方，也有一場舞會，跟我一起去吧！它一定會把妳帶回過去的時光。」

於是，她去了那場舞會，然而，一切看起來是如此的廉價與庸俗，舞池裡盡是相貌平庸、穿著難看的人們。她請求樂隊演奏那曲屬於她那逝去青春的華爾滋，她的男伴提醒她，其他人應該不會喜歡這種老掉牙的華爾滋，不過樂隊還是為她演奏了。唉，反差實在太大，讓她所有的幻想都破滅了，她終於明白，自己記憶中的那場舞會，從來不曾以她所記得的方式真正存在過，它只是過去的一個幻影，她終究無法抓回過去。

有人說，和耶穌一起被釘上十字架的兩個匪徒，代表著搶劫時間的搶匪，一個專搶過去，一個專搶未來。而耶穌回答：「**現在**就是指定的時刻，今日你要同我在樂園裡了！」古老的梵文詩偈也告訴我們：「好好地看著這一刻吧！這就是對黎明的禮讚！」

◆所有的憂慮和恐懼，都是時間的搶匪。

藏在日常瑣事下的神祕法則，是最深奧的法則之一，因為它包含了意識狀態的實現，在那意識狀態中，心智活動不會受到外在感官世界的影響，因此它能夠完完全全與神性心靈合而為一。

大部分人們的生活，都是一連串的混亂：匱乏、失落、困頓、婆家娘家、房東老板、債務或各種不公不義的事。這世界普遍被視為是一座「眼淚谷」，人們全都跟自己各種各樣的日常事務攪和在一塊，扛著各自的重擔，跟生活拚命奮戰。如果一個人純粹由外表來評斷，他會發現自己大部分時候都站在一座充滿逆境的競技場上，面對著匱乏和困頓的獅子。

「你的眼睛若昏花（如果你總是想像逆境），全身就黑暗。你裡頭的光若黑暗了，那黑暗是何等大呢！」身體的光，就是內在之眼（也就是想像力），因此，你的眼若瞭亮，就能看見——其實只有一個力量、一個計畫、一個計畫者。如此一來，你的身體和外在事務將充滿光明，你每天都能看見自己沐浴在神的榮光中。

這內在的光芒是一股無敵的力量，任何不屬於神性計畫的事物，都將被它消融。它會融解一切疾病、匱乏、失落和困頓等外象，它能消融逆境，以及「任何將對你形成威脅的武器」。

我們一直都擁有自由支配使用這道光的力量，只要你的眼睛是瞭亮的。我們應該學著打開這道光，就像我們打開電燈那樣充滿信心。「你們要先求他的國和他的義，這些東西都要加給你們了。」

中國的諺語說：「哲學家會把他的外套袖子交給裁縫。」

所以，就把你的生命計畫交給神性的計畫者吧！你將會發現，所有的一切都是如此完美，永遠都是。

顯化豐盛的話語

1. 神賞識我，因此人們也賞識我，我也欣賞我自己。

2. 現在就是指定的時刻，今日你要同我在樂園裡了！

3. 好好地看著這一刻吧！

4. 沒有任何患難能干擾我！

5. 我向你內在的神性致敬，我看到的你，是上天所看到、如此完美的你，因為你是照祂的形象塑造出來的。（對他人說）

6. 上天的旨意只有圓滿，所以我的願望——完美的工作、完美的家，以及完美的健康狀況——一定會實現。

7．我的雙眼已看到榮光。

8．我已經為我人生的天意計畫做好了萬全的準備。

9．現在就是拯救的日子！

Chapter 4

信心喊話帶來平靜

——別讓情緒阻礙你——

你們尚未求告，我就已經應允。

「願你城中平安，願你宮內興旺！」這首出自《聖經》詩篇第一百二十二篇的短文中，我們看到**平靜**和**富足**總是手牽手一起出現。

一個外表看起來貧困匱乏的人，一定是處於恐懼和混亂的狀態中。他們對自己的成功富足沒有充分的醒覺，因而對徵兆與契機視而不見。一個平靜的人一定是**完全醒覺**的，他能清楚洞察並快速行動，並且絕不失足上當。

我曾經看過亂七八糟且悲慘不幸的人生完全扭轉，為了證明這個法則的強大效力，我現在就要跟你們說一個案例。

曾有一位悲慘貧困又憂傷的女士來找我，她看起來真是悽慘，雙眼因為不斷的悲泣而混濁模糊，面容憔悴枯槁而扭曲，她所愛的男人離開了她，而她絕對是我所看過最沒有吸引力的傢伙了。

我注意到她的臉型——大大的眼睛分得很開，還有一個尖尖的下巴。我曾經從事藝術工作多年，因此已經很習慣從藝術家的角度來看人。當我看著這個被拋棄的可憐蟲時，突然想到，她的臉很有畫家波提切利的味道——我其實經常在遇到的人們身上看到林布蘭或是約書亞·雷諾茲爵士等藝術大師。我和這位女士說了一些話語，並且送給她一本我的著作——《失落的人生遊戲與天意藍圖》。

一、兩個禮拜後，一個非常時髦迷人的女人走了進來，她的雙眼美麗可人，看起來非常漂亮。我覺得她的臉很有波提切利的味道，突然間，我看出來那就是同一位女士！她很快樂，而且無憂無慮！究竟發生了什麼事？一切都只是因為我們那天的談話，還有那本書，為她帶來了平靜。

「願你城中平安。」你的「城」，就是你的意識。

耶穌基督非常強調**平靜**與**休息**。「所有勞苦和背負重擔的人哪！到我這裡來吧！我將使你們得到安息。」他說的是你內在的基督，你的超意識在那兒，沒有重擔，也沒有鬥爭；所有的疑慮、恐懼和負面影像都存在於潛意識中。幾年前，我搭機從加州回來，當飛機飛行到高空的時候，我突然有了一種奇怪超然的抽離感，在那樣的高度裡，我們跟自己，還有這整個世界，都處於一種平靜之中，在這樣的高度裡，田野永遠是豐收的雪白。

◆只有情緒會阻擋你收割屬於你的成功、幸福與富足的果實。

我們在《聖經》中讀到：「蝗蟲在那些年所吃盡的，我必補還你們。」我們也可以套用這句話來說：「情緒在那些年所毀掉的，我必補還你們。」

◆人們總是因為疑慮和恐懼而動搖，因而帶來失敗、不幸和疾病。

我曾在報紙上讀到，心靈法則已經受到普遍的接受與理解；人們發現，**害怕失敗**是所有恐懼中最大的一種，至少有百分之七十五的受試者，心理上帶著這種對失敗的恐懼。當然，這裡指的失敗，可能是敗壞的健康，或是事業、財務、感情和成就……等等各種各樣的失敗；至於其他的重大恐懼，包括怕黑、害怕孤單、害怕動物等；有些人害怕自己被誤解，也有人害怕自己的心智正日益失控。

持續不斷的恐懼會影響腺體——它們開始擾亂消化系統，通常還會引起痛苦惱人的神經症狀。它會剝奪你的身體健康，摧毀你的幸福生活。

◆恐懼是人們最大的敵人，因為它會吸引你所恐懼的事物。

這是一種翻轉到負面的信念，也就是你實際上信仰的是悲慘不幸，而不是富足美好。「你們這小信的人哪！為什麼膽怯呢？」一顆**無懼**而**解脫自在**的心，會把所有的美好幸福吸引到自己身邊，不論你渴望或需求什麼，它都已經在你的道路上。

「你們尚未求告，我就已經應允。」

讓我們套用《聖經》的話語：「不論你渴望或是需求什麼，它都已經**備好**在你的道路上。」一個新詞通常會為你帶來某種頓悟，如果你正好需要某種信息，不論是什麼信息，它都會被送來給你。一個朋友跟我分享了這個法則令人驚異的運作。

當時，她正在翻譯一份古老的義大利手稿，內容是關於一位早期波斯統治者的生活。沒有任何一本英文書籍曾經寫過這個主題，她搞不懂為什麼出版商都不想出版這本書。有天晚上，她在一間自助餐坊裡吃晚餐，無意間和同桌用餐男子交談起來。她告訴他自己現在正在做的工作，以及那份古老義大利手稿的翻譯，結果他突然熱心地主動提供了意見：「這份手稿要找到人出版恐怕很難，因為這位波斯統治者的政治理念，跟現在的政府理念相當的衝突。」

這位先生是一個學生，同時也是一位學者，關於這個主題，他比她了解得更清楚。她的疑問終於得到了解答，而且是在自助餐坊這種地方！一般來說，這樣的資訊，通常只有在某些公共圖書館的檔案室裡才能找到——神總是在意想不到的地方施展祂的奇蹟。她本來一直憂慮擔心，但是當她處於平靜、愉快與無所掛心的狀態時，這些資訊就會航行過平靜之海向你駛來。

「耶路撒冷啊！我們的腳正站在你的門內。」在這裡，耶路撒冷代表的是平靜，而雙腳則代表著我們的理解。也就是說，理解永遠能將我們帶進平靜之門內。那麼，當一個人的生活是一團混亂的時候，他要如何才能達到平靜？答案是**「肯定的話語」**！

◆你無法控制思想，但你可以控制你說出的話語，只要堅持到最後，話語就會勝出。

大部分的人都會吸引不協調的狀況，因為他們總是背著自己的重擔，忙著與各種狀況戰鬥。我們一定得學會把道路讓給神，這樣祂才能協調或是改變現狀。

「和諧」是一個非常美好的詞，因為我曾經見過險峻崎嶇的狀況被拉直平坦，並且做出人類心靈無法想像的奇妙改變。

那王國所賜予的一切，都是屬於你的，只要你將人生的路權交由無上高靈來引導——因為祂已經為每一個請求準備了豐盛富足的補給了。

不過，這必須配合完全的信任。如果你稍有懷疑或是恐懼，就會失去與這無上力量的連結。因此，如果你心中充滿疑懼，就必須做點什麼來展現你的信心。

◆「信心若沒有行為，就是死的。」

積極的信心會將你的期待刻印在潛意識中，讓你與宇宙的智慧保持連結。就像華爾街會盯著市場一樣，我們也必須盯好我們的信心市場。

信心市場經常走跌，有時它會一路下滑，直到崩盤：一些我們本可避免的糟糕狀況發生了，這才讓我們意識到我們其實是跟著理性，而非跟著直覺走。

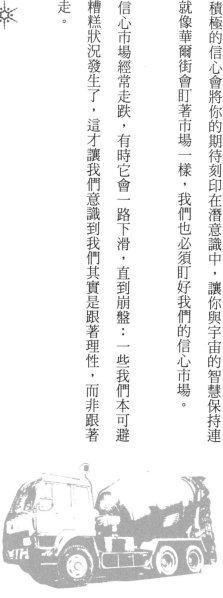

一位女士告訴我，她曾經有幾次得到明確的指引，叫她不要遵循既有的路線行動，然而儘管如此，她還是決定跟隨理性思維，結果引發了極糟糕的狀況。

「直覺」是我們萬無一失的嚮導，你可以試著在小事情上跟隨它來做練習，然後你就會在大事上信任它。

我有一位朋友極具靈感，有時她會打電話給我，說：「有一股很強的預感叫我打電話給你，所以我覺得應該打這通電話，看看到底是什麼事。」毫無例外的，我當時的確都有一些任務要交給她。

我們的確是過著一種**魔法般的神奇生活**——有引導，有保護，所需一切都已準備豐足。只要能夠清楚理解宇宙提供給人類的這套了不起的系統，所有恐懼就會永遠消失。

所有的逆境表象都無法動搖他，因為他清楚明白早期希伯來人所了解的事實：「耶和華行走在前，所有戰役都必勝利。」

一個朋友告訴我一個有趣的故事。

在密西根卡拉馬祖市，有一位造紙產業的業者，買了一千本我的書送給他的員工。他以極小的資本建立了公司，不做任何的冰冷判斷和理性分析，只是遵循預感和直覺的指引，如今他的公司已經是身價一千兩百萬美金的大企業；他所有的員工對形上學的法則也都有一定的了解。

另一位先生將他的事業建立在施與受的法則之上，也獲得了同樣驚人的成功。他帶著微薄的資本來到費城，買下一個雜誌社，出版一本非常老的雜誌。他的願望是讓人們以非常便宜的價格，買到又棒又多的內容——他相信「施予」的法則。結果，這本雜誌成為最受歡迎的刊物之一。他以最好的方式，將很棒的故事和圖片提供給大眾，但只收取合理的價錢。他給的愈多，收回的就愈多——數百萬、數百萬的業績源源湧入。

「你的城中平安，你的宮內興旺！平靜和富足齊頭並進！」「喜愛你律法的必有豐盛的平安，甚麼都不能絆倒他們。」這個律法，指的就是**「不抵抗」**之法。「不要抵抗邪惡，要以善勝惡。」所有的失敗，都將轉為成功；所有的匱乏，都轉為豐足；所有的爭端，都轉為平靜。

顯化豐盛的話語

1．情緒在那些年所毀掉的，神必補還我。

2．我的城中平安，我的宮內興旺！平靜和富足齊頭並進！

3．所有的失敗，都將轉為成功；所有的匱乏，都轉為豐足；所有的爭端，都轉為平靜。

4．我是和諧的、平衡的，並且充滿吸引力。我現在將屬於我的事物都帶到我身邊。

5．韻律、和諧與平衡現在已在我的心靈、身體和周遭事物上建立。

6．我是和諧、快樂且容光煥發的，遠離一切恐懼造成的暴虐。

7. 我是和諧平穩、快樂以及充滿吸引力的，我現在從平靜的大海上，帶來屬於我的船隻。

8. 耶和華行走在前，所有戰役都必勝利。

Chapter 5

每一天都是審判日

——小心破壞性話語——

生與死都在舌頭的權下。

你的**最後審判者**只有一個——就是你的話語。耶穌基督說：「我告訴你們：人所說的每一句無益的話，在那審判的日子，句句都要做出交代，因為憑你的話，你將被稱為義；也憑你的話，你將被定有罪。」

每一天都是審判日。人們總是說最後審判日要到世界末日才會到來，但請回頭看看自己的一生，看看你是如何透過說出的話語來吸引幸福或吸引不幸。

◆潛意識是沒有幽默感的。

人們對自己開的一些破壞性的玩笑，潛意識都會嚴肅以對，這是因為當你說話時所製造出的心靈影像，會銘刻在潛意識上，然後在外在現實世界裡發展成真。一個了解語言力量的人，會對自己的談話非常謹慎，他必須仔細地盯好自己話語的反應，好確定它們不會徒勞返回。人們經常在盛怒或怨恨的時候，透過話語鑄下最糟糕的錯誤，這是因為他們的話語背後帶了太多的負面感覺。由於話語的振盪力量，你發出什麼聲音，就會開始吸引什麼。因此，不斷談著疾病的人，一定就會吸引來疾病。

有一股看不到的力量，無時無刻都在為人們工作，我們永遠是幕後牽線影響結果的那個人，雖然我們自己並不知道這一點。我們可以在《聖經》中讀到：「生與死都在舌頭的權下。」然而，大部分的人從早到晚都在說著毀滅性的話語！

人已經形成了一種批判、指責和抱怨的習慣，並且非常渴望跟你談談自己的不幸，以及他們的親朋好友有多麼卑鄙糟糕。他們折磨著他們的朋友，讓人們退避三舍。他們不斷說著自己陷入一團又一團的苦惱困頓，那麼，現在我們已經知道了語言的力量，為何不好好善用這份優勢呢？我們利用收音機、電視機和飛機等科技的優勢，但卻讓自己在言談中和造墳者住在一起。

科學和宗教目前都有了新的發現，科學找到了原子內部的力量，哲學則提出思想和語言中的力量。

◆當我們在處理說出的話語時，其實跟處理炸彈是一樣的，想想看語言運用在治療上的力量！

當一句話被說出口的同時，體內就會發生某種**化學變化**。

我有一位朋友生了重病，醫師說她得了慢性支氣管炎，很快就會惡化成肺炎了。她的女兒和醫師趕緊把她送到床上，還給她請了一位看護，但幾個星期過去了，她卻絲毫沒有好轉。

她曾經是真理的學生，但已有一年多沒有參加聚會，也沒有持續閱讀。一天早晨她打電話給我，說：「拜託，跟我說一句話，把我弄出這個狀況，我再也受不了了！我沒有生病，只是太反感、太厭煩了！太多的負面語言和思想，幾乎要把我毀掉了！」透過說出的言語，以及她本身對真理的信念，她立刻開始好轉。她一直有一種很強的直覺要出去走走，然而大家都說出去對她非常危險，但是這一次，她決定跟隨神性的指引。她走出家門來拜訪我，還說她第二天要去參加一個午餐聚會。這是什麼狀況？這是因為真理的言語讓她的心智有了改變，因而讓身體也跟著起了化學變化。

我們都聽過，如果我們能深信不疑，就能對著那高山說：「移開！」而那山就必消失在海中。人類那豐富無盡的能量，會被良善的意志所釋放。

一個無所畏懼，不受外象干擾，對所有人和國家都發送善意的人，就能對著仇恨與戰爭的高山說：「移開！」它們就會回到它們那虛無的源起之地。

怨恨和偏狹排外（intolerance）會奪走人們的力量，我們應該在地鐵和商店裡掛上招牌（告示），上頭寫著：「看好你的思想！」「注意你的言語！」讓我們小心地引導心中這股強而靈動的力量，讓我們引導它去**治療**、**祝福**、**致富**，引導它向全世界**發送良善的波動漣漪**。它會成為如千軍萬馬的強大力量，但卻悄無聲息——想想看，宇宙中最強大的力量，是無聲的。

你的良善意志會將道路上的所有障礙一掃而空，而你心中的渴望將為你釋放成真。到底什麼才是真正屬於你？答案是：「神的國所供應的一切都是屬於你的。」

◆你心中每一個**正當的渴望**，都是神應許給你的。

《聖經》裡總共有三千多個應許，但只有當我們**真心相信**它們是**可能的**，這些禮物才會來到我們生命中，因為所有的事都必須透過你來到——而非直接送你。

所有的生命都是振動共鳴的——感覺富有，你就會吸引富有；感覺成功，你就會成功。

我認識一個小男孩，他出生在一個鄉村小鎮裡，沒有任何優勢，但是他總是感覺到成功，他有很強的信念，認為自己長大後一定會成為一個了不起的大藝術家。沒有人能夠澆熄他的熱情，因為他本身就是成功，他的腦袋裡只有成功的想法，並且不斷向外散發成功。

他年紀輕輕就離開這個小鎮，來到一座大城市。為了養活自己，他在一家日報社找到了一份新聞畫家的工作。這一切都沒有任何事前的準備，但是他從來沒有想過自己可能無法勝任。後來他進入一間藝術學校，立刻成為一道耀眼的光芒。他從來不曾接受過任何學院式教育，但是不論他看到什麼，只要看一眼，他就能立刻記下來。

短短幾年後，他去了另一個更大的城市，成為一位知名的藝術家。他之所以能成功，是因為他一直都看著成功。

「凡你所看見的一切地，我都要賜給你。」以色列人總是告訴他們的孩子，他們能夠擁有眼睛所能見到的一切土地。

《聖經》其實是一本哲學書，它無時無刻都在對每一個人說話，就在此時，它正在對我們每個人說著：「凡你所看見的一切地，我都要賜給你。」那麼，你的內在之眼看到了什麼呢？你正在將什麼樣的影像帶入你的生命呢？想像力一向被稱為**心靈的剪刀**，如果你懷抱失敗的想法，就用成功的想法把它扭轉過來。

這聽起來很容易達到，但是如果失敗思想已經成為一種習

慣，那就需要無時無刻的警醒惕勵，才能把它趕走，這時你就需要一句有力的**信心喊話**了。

你不可能一直都把思想控制得好好的，但你可以控制你言語，最終言語就會銘刻在潛意識中，贏得最後的勝利。

如果你的心靈現在正處於負面狀態，就說這句話語：「我以充滿驚奇的眼光，來看待眼前的一切。」它將開啟一種對**美好驚喜**的期待，而那個美好驚喜就會來到你面前。

◆隨時培養一種奇蹟和精彩事物將要發生的感覺，培養一種對成功的期待。

只有極少數人把**理應屬於他們的一切**帶進生命中，人們總是圍著他們全心渴望的事物外圍打轉，因為那看起來實在是太過完美到不像是真的。但是對於一個心靈覺醒的人，沒有什麼會完美到不像真的。

如果你想聽聽看那些仍在亞當之夢中沉睡的人們都在說些什麼，就去美髮院吧！亞當之夢指的是反射的幻像，亞當吃了幻像之樹的果實後跌入了深沉睡夢之中。當然了，亞當代表的是一般人——也就是全人類。

人類總是徒勞地想像著失去、匱乏、失敗、罪惡、疾病和死亡。只有覺醒的人知道，世界上只有一個力量，就是神的力量；只有一種狀態，就是美好。不過現在先讓我們回到美髮院吧！

下面就是你會聽到的一個很好的對話案例，我忠實的一字一句記了下來：

一位女士在我旁邊坐下，大聲地說：「這地方太悶了！拜託開個空調還是開個窗戶，總之開點什麼吧！」

服務員招呼她說：「S太太，今天好嗎？」她重重歎了一口氣，說：「噢，我很好，不過呢，要讓自己覺得很好，可真是辛苦啊！」

然後她對美甲師說：「妳為什麼不戴眼鏡？」那女孩說：「我的視力沒問題，為什麼要戴眼鏡呢？」這位女士回答：「因為每個人都戴啊！妳應該去檢查一下眼睛，就會發現它們一定哪裡有問題。」

當她終於離開以後，每個人都覺得鬆了一口氣，同時又覺得很混亂，不知道自己是真的很不錯，還是只是看起來很不錯，她留下了一連串的憂慮與沮喪給大家。

這就是每個人在大街小巷常會聽到典型聊天內容，也就是大部分人們的聊天方式。對一個明白言語力量，以及它們將吸引什麼過來的人來說，這真是太可怕了，因為人們幾乎都在談論疾病和手術等等的事情！只要是你所**關注**的事，你就會自然地與之結合，因此，絕對不要談論或描述任何具有破壞性的事物，否則你就會開始跟它結合了。

那麼，究竟什麼才是真正屬於你的？答案是「你透過說出或靜默的言語，帶給自己的祝福，也就是你用內在之眼所看到的一切事物」。世界上只有懷疑、恐懼和怨忿能奪走你的幸福，如果你痛恨或怨恨某個狀態，就會讓這狀態牢牢地綁在你的身上，因為你一定會吸引一切你所恐懼或討厭的事物。舉例來說，有人不公平地虧待你，讓你心中充滿憤怒和怨恨，你無法原諒那個人；隨著時間流轉，又有另一個人對你做出同樣的事。這是因為你已經在你的潛意識中銘刻了一幅不公義的影像，因此歷史會不斷重演，最後你就會覺得，自己一定是中了不幸和不義的詛咒。

只有一種方法可以終止這種惡性循環——絕對不受各種不義的干擾，持續對你關心的事物發送**良善的意志**。

請說：「我的良善意志如一座堅固塔樓將我包圍，現在，我將所有敵人都轉變為朋友，將所有衝突轉變為和諧，將所有不義轉變為公義。」你將會對這法則的運作結果大為驚歎。曾有一位學員藉著上面這段話語，將她事業上的混亂轉變為和諧順利。

◆不要回頭，也不要一再重述那些困苦的時光，這樣做會讓你再次被拉回到那些狀態。

◆要對新的一天的破曉滿懷感恩，這樣你必能遠離所有的挫折和負面狀態。

你所渴望或需求的一切，都已經備好在你的道路上，但你一定得對你的幸福利益完全的醒覺，才能讓這一切實現成真。在說出**真理的話語**之後，你會在瞬間靈光閃現看到真實，並且發現自己身在一個全新的世界，感覺舊有的負面狀態衰落消失。我曾經跟一位女士說：「匱乏和拖延的高牆現在崩塌倒下，妳在恩典中，走進屬於妳的應許之地。」這位女士說，她在靈光一閃中，看到一座高牆崩塌倒下，而她就越過它。之後開始快速的改變，她真的進入了她富足豐盛的應許之地。

我認識一位女士，她的女兒非常渴望有一個家庭和一個丈夫，但是她在很年輕的時候，曾經歷一段破碎的婚約。如今，每當有一段姻緣可能步入禮堂，她就開始發狂般地恐懼和憂慮，不斷生動逼真地描繪出另一次失望的影像，而她的確已經失望過好幾次了。

於是她的母親來找我，請我為她說幾句話，讓她女兒能得到神所命定、絕不受任何干擾的美好姻緣。

在面談期間，這位母親不斷的說：「可憐的奈莉！可憐的奈莉！」

於是我說：「不要再叫妳的女兒『可憐的奈莉』了！妳這樣正是在讓她失去吸引力。請叫她『好運的奈莉』或『幸運的奈莉』，因為妳必須滿懷信心，相信神現在就會賜下她全心渴望的一切。」

這對母女不停地以肯定的言語強化她們的信心，如今，那女兒圓滿了她的天命，她現在已經是奈莉太太了，恐懼的惡魔永遠地離開了她。

《聖經》中有非常棒的語句，可以拿來對付負面思考模式：「靈性的力量有大能力，能夠攻破堅固的堡壘。」人類的理性思維在對付這些負面思想上，是毫無用處的，要贏得勝利，必須依靠我們內在的神性，我們的超我意識。

「弟兄們，凡是真實的、莊重的、公義的、純潔的、可羨慕的、高尚的，如果有什麼美德，如果有什麼可稱讚的，這些事你們就當思想。」

如果人們順從教誨，一般性的談話應該就會停下來一陣子，直到人們學會如何說出**有建設性的話語**。

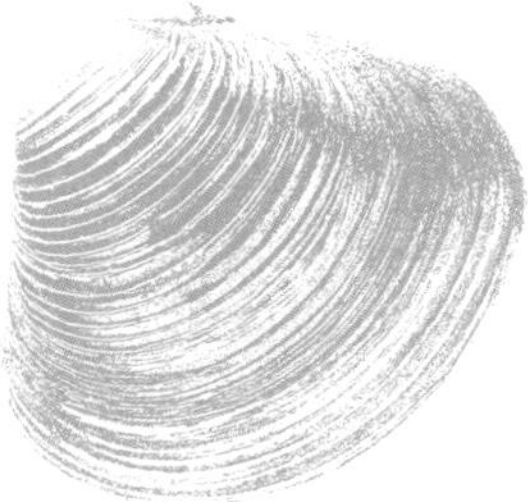

顯化豐盛的話語

1.在靈性的計畫裡沒有競爭的對手，凡是屬於我的，都將在恩典之下賜予給我。

2.我以充滿驚奇的眼光，來看待眼前的一切。

3.我的良善意志如一座堅固塔樓將我包圍，現在，我將所有敵人都轉變為朋友，將所有衝突轉變為和諧，將所有不義轉變為公義。

4.靈性的力量有大能力，能夠攻破堅固的堡壘。

5.上天的白光圍繞著我，沒有任何的負面思想能穿過它。

6.世界上絕對沒有「功虧一簣」這種事！

7．匱乏和拖延的高牆現在崩塌倒下，我在恩典中，走進屬於我的應許之地。

8．上天的旨意中沒有障礙，因此，沒有任何事物能阻擋我的幸福。

Chapter 6

無敵的聲明

——你活在恩賜的系統中——

從前我是眼瞎的，現在可以看見了，我無所畏懼，因為沒有任何力量可以傷我。我對於眼前展開的完美大道，看得一清二楚，我的路上沒有任何障礙。

你們要剛強，不要懼怕，恐懼是人們唯一的敵人。

◆不論任何時候，只要你感到恐懼，就輸了。

害怕匱乏，害怕失敗，害怕失去，害怕誹謗，害怕批評，恐懼會奪走你全部的力量，因為你失去了與宇宙力量之屋的連結。「你們這些小信的人哪！為甚麼害怕呢？」恐懼是信念的反面，是信念的顛倒呈現，當你感到恐懼，就會像吸鐵一樣，開始吸引你所恐懼的事物；當你害怕的時候，你就被那翻攪的思緒給催眠了。

但以理毫不動搖，因為他知道他的神遠比獅子更有力（聖經但以理書6：1～28中記載，他曾被人設計，以致國王將他投入獅子坑中），他的神將那些獅子變成了無害的小貓。所以，趕快走到你的獅子面前，看看會發生什麼事吧！很可能你終其一生都在逃離某些特定的獅子，搞得你頭髮花白，生活悲慘痛苦不堪。一位美髮師曾經告訴我，她認識一位女士，那位女士的灰白頭髮神奇地回復到正常的髮色，只因為她不再為某件事情煩憂。

在一次採訪當中，另一位女士跟我說：「我一點都不害怕，但我總是擔憂很多。」基本上，恐懼和擔憂是一對雙胞胎，它們完全是一模一樣的東西。

◆如果你毫無畏懼，你的擔憂細胞就會乾枯而死。

為什麼要擔憂呢？你們這些小信的人啊！

最普遍的恐懼就是害怕失去，也許你已經擁有了生活所能給予的一切，但憂懼這頭老獅子卻慢慢地匍匐而來，你見牠低吼咆哮：「這麼好的事，根本不像是真的，它不可能長久的。」如果它成功引起你的注意，你可能就會開始煩憂了。

◆許多人都曾失去生活中最珍貴的事物，那是因為他們總是害怕失去。

你能夠拿來對抗你的獅子的唯一武器，就是你的話語。你的話語就是你的魔杖，它們充滿了魔法與力量，只要對著你的獅子揮舞你的魔杖，就能將牠變成一隻小貓咪。但是！除非你走近你的獅子，跟牠**面對面**，否則獅子將永遠是獅子。你可能會問：「我們要如何走近獅子呢？」

摩西對人民說：「不要懼怕，只管站著，看神今天要為你們施行的救恩。因為你們今天所看見的埃及人，必永遠不再看見了。神必為你們爭戰，你們只管靜默，不要作聲。」這是多麼令人驚奇讚歎的安排！無上高靈知道走出困境的方法，無上高靈知道如何滿足所有的需求，但我們必須相信它，只管站好，讓它來主導一切。許多人都害怕他人，他們拚命逃離不愉快的狀態，結果可想而知，那些不愉快的狀態當然就如影隨形追著他們跑。

「神是我的亮光，是我的救恩，我還怕誰呢？神是我性命的避難所，我還懼誰呢？」〈詩篇第二十七篇〉是最令人振奮喜悅的一篇！它同時也饒富韻律和音樂感。作者很清楚沒有任何敵人能夠傷害他，因為神就是他的**亮光**和**救恩**。現在請記住，你唯一的敵人，就在你自己心中。《聖經》所說的，正是敵人的思想，你的疑慮、恐懼、憎恨、憤慨，以及不祥的預感，你生命中所有的不利局面，都是思想的具體展現，它是由你自己那些虛妄的幻想一手打造的！但是這些情勢並不能抵擋真理之光，所以，你所要做的，就是毫無畏懼地，面對面站在這些情勢之前說：「神是我的亮光，是我的救恩，我還怕誰呢？」

耶穌基督是最偉大的形上學家，祂給了我們明確的規範，能夠透過話語和思想來**控制情勢**，「你使我比我的仇敵更有智慧。」

首先，你必須比你的敵對思想——那些外來軍隊，更有智慧，你必須以一句**極**

富權威的話語，來回答每一個負面思想。那些外來軍隊會唱誦：「生意冷清，賺錢太難。」你必須立刻回答：「我的供應來自於神，現在就要在一夜之間如雨後春筍般冒出來。」在神的國度裡，沒有困頓的時候。你可能必須保持這種積極，支撐一段時間，就像大螽斯唱歌一樣：「凱蒂做～凱蒂不做～」之類的（原文Katydid意為美洲大螽斯，該字拆開來即為Katy did，再配上否定的Katy didn't，在此形容牠的叫聲，同時又有要或不要、做或不做的雙關意思）。最後你一定會勝出，因為真理一定獲勝。

你絕對能打跑那些外來軍隊，但當你解除武裝、放鬆警戒時，他們又會再回來說：「你不受人賞識，你永都不會成功！」你得立刻回答：「神賞識我，因此人們也會賞識我，沒有任何事可以妨礙神為我設計的成功之路。」最後那些外來軍隊便會毀滅退散，因為你沒有分一絲一毫力氣去注意它們，你餓死這些入侵者了——

只要完全忽視它們，努力實踐信念，你就能把恐懼思想餓死。

獅子是因你的恐懼而顯凶猛，牠的咆哮只會在你顫慄的心中響起。像但以理那樣只管站穩就好，你一定也會聽到天使群聚起來，為你完成一切工作。

耶穌基督的使命就是喚醒人們：「你這睡著的人，當醒過來。」人們沉睡在亞當那相反對立之夢中，在他們眼裡，匱乏、失去、失敗、罪愆、疾病和死亡，都是真實的。關於亞當的故事，其實是他吃下了妄想的果實，因而陷入了深沉的睡眠，在這場深沉的睡夢中，他只能徒勞地想像著善與惡。

蕭伯納在他的著作《千歲人》中曾說道：「亞當創造了謀殺、出生和死亡，以及所有負面的情境。」這就是理性思維的發展。當然，亞當代表著所有一般正常的想法，然而在伊甸園時期，人只會在超意識中運作，凡是他想要或是需求的任何物事，總是能立刻出現在他手中。但是隨著理性思維的發展，人們開始墮落，他把自己推論進匱乏、困頓和失敗之中，他必須額頭流著汗來賺取麵包，而不是接受神為我們預備的一切供給。

耶穌基督帶來的信息，就要將人們帶回**第四度空間**，也就是**伊甸園意識**。我們可以在〈約翰福音第十四章〉裡，找到祂全部教誨的總結，他稱之為「**福音**」，意思就是「**好消息**」。

他告訴人們，其實方法驚人的簡單且直接——

◆只要人們**祈求**、**相信**，他們就必得到；權柄力量永遠歸於我們內在的父。

神是賜予者，人是接收者！這無上的高靈會賜予人們想要和需求的一切！這絕

對是一個喚醒人們的教理！他以奇蹟和神蹟來證明了這份聲明。有一個最引人注目的神蹟，就是治癒那位自出生就眼盲的人。

耶穌的反對者跑去質問那人，希望能找到蛛絲馬跡來打擊祂，但是那人卻只說：「我只知道一件事情，那就是從前我是眼瞎的，現在可以看見了！」

這真是一個了不起的**聲明**，你也可以對自己做出同樣的聲明。「從前我是瞎眼的，如今能看見了！」也許你是瞎的，所以看不見你的美好，看不見你的機會，看不見你的直覺引導，看不到預兆顯現，誤把朋友當做是敵人。

一旦你對一切的美好覺醒過來，你就會知道，根本沒有任何敵人存在，因為上帝會為了你的幸福，運用所有的人和環境條件。阻礙其實是朋友，障礙都是你的墊腳石——只要與神同在，你便是無敵。

這裡有句非常有力的聲明：「神那戰無不勝的力量將掃除面前所有的障礙，我將乘風破浪，進入屬於我的應許之地！」乘著風浪，它們將帶你到達你的目的地，擺脫一切會將你往下拉的負面思想暗流。你的思想和渴望，終將帶你去到某個地方，普蘭帝斯・馬福德（Prentiss Mulford，美國幽默作家暨新思想運動提倡者）說：「那堅持不變的目的——強烈的慾望、永不停息的渴望，是深植心中的一顆種子，它在那兒生根發芽，充滿生命力，而且從不停止生長茁壯。在這其中，包含一個美妙的法則。當你明白這法則，徹底執行並寄予信心，就能帶領每個人得到偉大而美好的結果。若是我們睜大雙眼，清楚地追隨這法則，它就會在生活中帶來愈來愈多的幸福快樂，但是如果閉著眼睛盲從，這法則就會帶來痛苦悲悽。」

這意味著，**渴望**是一種巨大的振動力量，必須給予**正確的引導指示**。因此請使用這句話語：「我只渴望那些無上高靈也渴望的東西，我只要求那些神所賜予屬於我的事物，並且是在神的恩典賜福下，以完美的方式得著。」這樣你就不會渴望到錯誤的東西，取而代之的，都是正確的渴望。如果你是沮喪消極的渴望，就會得到沮喪消極的回應；如果你是不耐煩的渴望，那麼你的渴望若不是被長期蹉跎，就是以粗暴、糟糕的方式實現。這點非常重要，絕對不可以忘失。

◆許多不幸的狀況，都是來自於沮喪消極或是不耐煩的渴望。

我要跟你們說一位女士的例子。

這位女士嫁給一個男人，每晚他都要她陪他外出共度夜晚，把她煩死了。夜復一夜，她都不耐煩地希望能留在家好好讀本書。這渴望是如此強烈，終於開始發芽生長。最後，她丈夫和另一位女士離開了。

她失去了他——但她終於有時間待在家裡好好看書了。

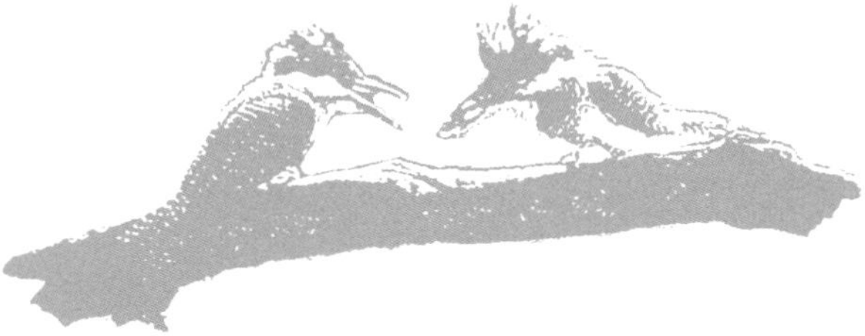

◆如果沒有你的**邀請**，沒有任何事物可以進入你的生命。

普蘭帝斯・馬福德對於工作也有一些有趣的觀點。他說：「不論是藝術創作、貿易或是任何其他職業，想要取得成功很簡單，只要把它當做一個目標，時時堅持不懈地將它牢牢釘在心中，然後學著把朝向目標所做的所有努力，都當做是**遊玩**或**休閒娛樂**。因為一旦它成為一種苦差事，我們就沒有動力再往前推進了。」

每當我回首當年在藝術領域的工作經驗，我就感覺到這句話說得有多真切。

當時在賓州美術學院裡，有八個年紀差不多的人，後來都成為傑出而成功的藝術家，當代藝術界稱他們為「八人組」。這八人裡，沒有任何一個人是以辛苦工作著稱，他們從來不描繪古物古董，從來不用學院派風格做任何事，只是單純地表現自己。他們之所以著墨繪畫，是因為他們真的很喜歡畫——完全**樂在其中**。

他們當中，有一位仁兄成為一位非常知名的風景畫家，拿到許多獎牌，並且經常在各大畫展中被提名表揚。有一次，他在紐約一間大型美術館舉行個展，當他坐著閱讀報紙時，一位熱情興奮的女士衝到他面前問道：「你能不能跟我聊聊，關於那位畫出如此偉大畫作的了不起畫家的任何事情？」

他回答道：「喔！當然！我就是畫出這些該死玩意兒的傢伙！」他只是為了快樂而作畫，一點也不在乎人們是否喜歡他的作品。

從前我是眼瞎的，但現在卻能看到我的美好作品、我完美的自我展現。從前我是眼瞎的，但現在卻能清楚明確地看到神為我的生命所做的完美計畫。從前我是眼瞎的，但現在卻能看到，神的力量是唯一的力量，神的計畫是唯一的計畫。不過，這場思想的競賽仍然是帶著不太牢靠的信念。「睡著的人哪！當醒過來。」神是你心靈、身體和外在事務的永恆保障。「你們心裡不要愁煩，也不要膽怯。」如果你對於自己的福祉完全覺醒，就不可能感到愁煩或是恐懼，快對這真理清醒過來吧！你會看到，在真實的國度裡，失去、匱乏與失敗將從你的生命中徹底消失，因為它都來自於你虛妄的想像。下面有一個例子，可以說明這法則是如何運作。

許多年前，我在倫敦知名的珠寶設計公司愛絲普蕾買了一支非常漂亮的鋼筆。它是一支稱為並木蒔繪筆（Namike）的日本筆，價格很昂貴，還隨筆附贈了長達三十年的保固承諾。有件事讓我印象深刻，每到夏季八月五日那一天，他們都會寫信給我，問我跟這支筆相處得如何，讓我以為自己買的是匹馬。

它是支非常令人心滿意足的好筆，我總將它隨身攜帶，卻在某天弄丟了它，我立刻開始否認失去：「在神性心靈中沒有失去，我不可能失去我的並木筆，它或是它的同等替代品一定會回到我身邊。」紐約並沒有店家在賣這種筆，而倫敦遠在天邊，但我全身都灌滿神性的信心，相信我不可能失去它。

有天，我坐在巴士上經過第五大道，一間小店的招牌在轉瞬間攫取了我的目光，它彷彿矗立在光中，上頭寫著「東方藝品店」。我不曾聽過這個店名，卻有一種強烈的預感，想走進去問問有沒有並木蒔繪筆。我跳下巴士，走進那家小店詢問，店員回答說：「噢，有的，我們有許多款式，而且它們剛剛才降價，只要二・五美金。」我立刻讚美神並獻上感恩。我買了三支，並在某次會議上說了這個故事。它們肯定很快就賣光，因為人們已經急著要去搶購了。

這絕對是這法則一次令人驚異的運作——不過請注意，我對我的福祉是完完全全的覺醒，在直覺的引導下，我沒有讓任何一絲雜念有生長的餘地。而真理的學生都知道，他必須在日常生活事務中證明這些法則。

「在你一切所行的路上，都要認定我，我必指引你的路。」「我實實在在地告訴你們：我所做的事，信我的人也要做，並且要做比這更大的事，因為我往父那裡去。」耶穌基督對人類的信心是多麼了不起啊！他緊握著未來的願景影像，因為人是以神的樣貌和形象（想像）所造。「你們奉我的名無論求甚麼，我必定成全，使父在子的身上得著榮耀。」不論你們奉我的名求什麼，我必成全——他藉此向人們解釋，他們其實是在一個**恩賜的系統中**，神是賜予者，而人是受恩者。「我在父裡面，父在我裡面，你不信嗎？我對你們所說的話，不是憑著自己說的，乃是住在我裡面的父做他自己的事。」他告訴人們要「尋求神的國」，也就是完美理念的國度，在那兒所有的一切都要加給他們，他**喚醒**了他們！

「從前我是眼瞎的，現在可以看見了，我無所畏懼，因為沒有任何力量可以傷我。我對於眼前展開的完美大道，看得一清二楚，我的路上沒有任何障礙。」

你叫他管理你手所造的，把萬物都放在他的腳下。

顯化豐盛的話語

1. 神是我的亮光，是我的救恩，我還怕誰呢？

2. 祢使我比我的仇敵更有智慧。

3. 我的供應來自於神，現在就要在一夜之間如雨後春筍般冒出來。

4. 神賞識我，因此人們也會賞識我，沒有任何事可以妨礙神為我設計的成功之路。

5. 神那戰無不勝的力量將掃除面前所有的障礙，我將乘風破浪，進入屬於我的應許之地！

6. 從前我是瞎眼的，如今能看了！我無所畏懼，因為沒有任何力量可以傷我。我對於眼前展開的完美大道，看得一清二楚，我的路上沒有任何障礙。

7. 我只渴望那些無上高靈也渴望的東西，我只要求那些神所賜予屬於我的事物，並且是在神的恩典賜福下，以完美的方式得著。

8. 在神性心靈中沒有失去，因此我不可能失去我的×××。它或是它的同等替代品，一定會回到我身邊。

Chapter 7

別斷了你的「高靈熱線」

—正確祈求和跟隨直覺的勇氣—

你若能信，在信的人，凡事都能。

整本《聖經》裡，都告訴我們不要焦慮憂急、不要害怕、不要儲蓄積聚或省吃儉用，因為有一股**無敵且無形的力量**，會依著人的指令，提供一切的所需。不過我們也知道，除非我們全心相信它，否則這股力量是不會開始運作的——「你若能信，在信的人，凡事都能。」

對一般人來說，要相信這個力量非常困難，因為我們都受過很好的訓練來學會「懷疑」。大家都認為，「只相信看得見的東西」是一種智慧的極致表現。

我們活在一個表象的世界，在這裡，我們認為每一件事都不過是「正好就這麼發生了」，我們並不知道，每件事之所以這麼發生，背後都有一個原因——那是由我們自己打開的機制，在我們的人生道路上，製造出或好或壞的事件。

我們並不知道，言語和思想都是某種形式的炸藥，必須以智慧和理解，非常小心地處理，相反的，我們輕易地就拋出各種憤怒的、怨恨的或自怨自艾的話語，然後不明白生活為什麼那麼艱苦。

為什麼不試試看，帶著**信心**，相信這無形的神力，讓自己「凡事都不憂慮」？只要「凡事禱告，凡事感謝，讓神知道你的請求。」還有比這更簡單、更直接的方法嗎？

焦慮和習慣已經變成我們的一種習性，這些在潛意識中所建立起的習慣性思考模式，就像是遠洋客輪底部的藤壺一樣緊黏著你我。然而，遠洋輪船偶爾還要上岸，駛進船塢去把藤壺刮掉，所以，你的心理藤壺也必須經歷同樣的過程——這可是個大工程！

我認識一位女士，她生性膽小，特別是在財務方面，她永遠都在煩惱錢的問題。後來她接觸到這個真理，了解到她一直都在限制自己無限的可能性，於是立刻做出巨大轉變，進入信心之中。

她開始相信神會賜予她所需的一切，而不是外求。她會跟隨她的直覺引導來決定開支花用，如果她的某一件衣服讓她覺得貧窮困窘，她就會把它丟掉，換一件會讓她感覺富有的新衣。她的錢非常少，但是她會捐出十分之一去行善。她讓自己上緊發條，進入一個全新的頻率共振，很快的，事情開始從外部出現改變。

還有另一位女士，她們兩人之間並沒有任何權利義務，不過是她家族的一個老朋友，突然留給她一千元；幾個月之後，她又得到另一筆一千元收入。接下來，一座富足恩賜的大門為她打

開，成千上萬的財富向她湧入，她已經從宇宙的銀行裡，打開了她那看不到的財富戶頭。

她將神視為她唯一的供給者，然後通道就打開了。

我所要強調的一個重點是，她已經拋開了關於金錢事務的所有憂慮，並且在潛意識當中建立起堅定的信念——她相信神會供應她的所有需求，而且是**源源不絕**，永不停止。

人，是讓無上高靈能順利運作的工具，其運作成果會透過人們的成功、幸福、富足、健康以及完美的自我表現來展現，除非恐懼和焦慮讓它短路。

如果我們想要看看無懼信心的實際例證，不妨就到馬戲團去看場表演吧！馬戲團人員表演著看似不可能的壯舉，因為他們認為他們做得到，並且能夠看到自己完成它。

◆信心，就是你能夠看到自己得到心所渴望的一切事物。

「凡你所看見的一切地，我都要賜給你。」

如果你無法看到自己完成某件事，那你就絕對不可能完成那件事；如果你無法看到自己達到某個地位，那你就永遠不可能達到那地位——我說的不是想像，不是創造一個心理畫面（這是一個心理過程，常常帶來錯誤及困頓的結果）。我說的是，它必須是一種**精神上的實現**，一種你已經達成的**真實感受**，你得真正進入它的**共振頻率**。

有一位偉大足球員的故事，讓我印象非常深刻。

吉姆是世界上最了不起的全能運動家，然而，他卻是在一張吊床上培訓出來的。

有一天，他正躺在吊床上，在陽光下打盹，教練走過來，臉上掛著兩行眼淚，對他說：「吉姆，看在上帝和你的國家的份上，你可不可以離開那張吊床，起來做點事呢？」

吉姆張開一隻眼睛，回答對方說：「我就是正在想這件事，並且正準備跟你說。」

「很好，」教練說，「你要我做什麼嗎？」

「首先，」吉姆說，「我要你在那邊的地上畫一條二十五英尺的線。」

教練照著做了。「然後呢？」教練問。

「這樣就夠了。」

吉姆說完後，就閉上了眼睛，開心的左右搖擺五分鐘之久，接著他睜開雙眼，看著那條線幾秒鐘，然後再度閉上眼睛。

「這是在搞什麼鬼？」教練吼道，「你到底在幹什麼？」

吉姆責備地看著他，回答道：「我正在練習跳遠。」他在一張吊床上完成他所有的訓練：看著自己完成跳遠。

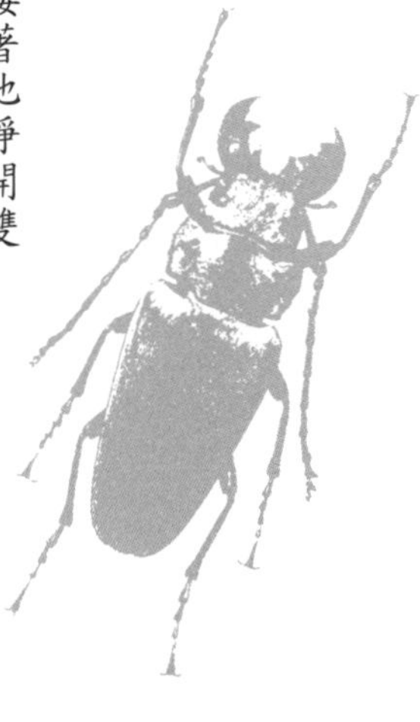

「若沒有觀想，我的民就會滅亡於匱乏和困頓之中。」

◆缺乏觀想能力，你很可能在生活中非常努力工作卻一事無成。

觀想，就是清楚地看見並緊盯住你的目標，所有完成偉大事業的人都這麼做。

大北方鐵路的創建人詹姆斯・杰・希爾（James J. Hill），在一根鐵軌都還沒安上的時候就說，他的內在之耳聽到了火車的隆隆聲和引擎的汽笛聲。當時他還有許多障礙得克服，但是他看到的景像是如此清晰，簡直和他融為一體了。另一件對他有利的事，就是他的妻子一直很相信他——這就是一般說的，需要兩個人一起，才能讓一個夢想成真。

亨利・福特在談到他岳母時，稱讚她是位優秀的女士：「她相信我。」

「當你們兩人同心，這事就必成全。」如果你相信自己，別人就會相信你，當你相信自己，神的力量就在你心中，恐懼和焦慮就會慢慢遠離。你會建立起信心的共振頻率，跟隨直覺的人就是這樣，他從來不會違背他的**「預感」**，一舉一動都是在神的指引下完成，因此他永遠都處在正確的時間、正確的位置。

只是，跟隨直覺通常需要極大的**勇氣**，它能讓一個維京海盜毫無懼色地航行在未知的海域。克勞德・布拉格頓（Claude Bragdon，美國建築師、設計家、作家、神祕主義者）說：「跟隨直覺生活，就是以四次元方式生活。」這條神奇的道路會帶領你離開埃及，擺脫奴隸身分；它對我們的日常生活工作上的價值是無法計量的。

◆永遠不要把你的第六感，告訴那些停留在理性思維層面的人。

凡是有耳能聽的人，都該聽從他們直覺的引導，並且立即服從行動。

「你無論向神求什麼，神都將賜給你的。」這句話對每一個人而言，都是真實確切的。

◆如果我們沒有得到想要的一切生命祝福，那一定是我們沒有去要求，或是沒有「用正確的方法去要求」。

《聖經》所教導的正是這心靈的法則，我們必須研讀它，並且從各個角度去使用它，好打開這偉大的「祈求而後接收」的機械裝置，讓它開始運作。而所有的機械裝置都需要上油和潤滑，好讓它能有最好的運作表現。

積極的信心和期待，就是能讓這「祈求而後接收」裝置完美運作的要素，而下面是一些能讓它保持運作的潤滑劑：「當你祈求時，要相信你已得著。」「在任何事上都不要憂慮。」「穩守陣地，站立不動，看耶和華為你們施行的拯救。」「不要限制那以色列的聖者。」其體現就是見證。

祈求時請帶著讚美和感恩，有些人祈求時心中充滿憤怒和怨恨，就像某一天一位女士寫信給我，說：「我剛剛跟神好好的談了一下，我告訴他該做什麼才對。」她有個習慣，喜歡指使身邊的人，並且把神視為另一個她可以隨意欺侮使喚、為她所奴役的對象。

神是存在於我們每一個人心中的無上高靈，我們只是他展現自己的管道，我們必須毫不抵抗，保持平穩與寧靜，期待我們的幸福通過我們來臨。

我們是接受者，而神是賜予者，他必須創造自己的管道。

我們發現，**正確的祈求**是一門藝術，神必須擁有決定方式的權利，也就是說，你必須讓神用自己的方式，而不是你的方式。從你向上天祈求的那一刻，無上高靈就已經知道滿足那祈求的完美方式，如果你自己決定了你的祈求要如何被回應，那等於是封鎖了神所設計的管道，想當然你最後會說：「我的祈求從來就沒有得到過任何回應。」

我們一定要運用正確的方法來送出一個**真誠的渴望**，這才能叫做祈禱。我們得說：「如果這符合神的計畫，我們就坦然接受，如果不是，請賜給我們同等價值的回報。」這樣就能遠離所有的執著和焦慮。一定要小心，絕對不要強求任何不屬於神所計畫的事物。

我們一定要了解，只要與神的力量連結在一起，就沒有任何事物能打敗我們。「神的道路是巧妙的，他的方法是萬無一失的。」

《聖經》詩篇中最美的兩首，就是第二十三和一百二十一篇。這兩篇都給人一種**絕對的安全感**，並且都是由一位曾經體驗靈性法則運作的人所寫出。

詩篇23：1～6（大衛的詩）

1. 耶和華是我的牧者，我必不致缺乏。
2. 他使我躺臥在青草地上，領我在可安歇的水邊。
3. 他使我的靈魂甦醒，為自己的名引導我走義路。
4. 我雖然行過死蔭的幽谷，也不怕遭害，因為你與我同在；你的杖，你的竿，都安慰我。
5. 在我敵人面前，你為我擺設筵席；你用油膏了我的頭，使我的福杯滿溢。
6. 我一生一世必有恩惠慈愛隨著我；我且要住在耶和華的殿中，直到永遠。

❦ 詩篇121：1～8（上行之詩）

1. 我要向山舉目；我的幫助從何而來？
2. 我的幫助從造天地的耶和華而來。
3. 他必不叫你的腳搖動；保護你的必不打盹！
4. 保護以色列的，也不打盹也不睡覺。
5. 保護你的是耶和華；耶和華在你右邊蔭庇你。
6. 白日，太陽必不傷你；夜間，月亮必不害你。
7. 耶和華要保護你，免受一切的災害；他要保護你的性命。
8. 你出你入，耶和華要保護你，從今時直到永遠。

當我們完完全全的信任時，神就在我們裡面保護、引導並提供一切所需。許多人因為害怕失去，結果失去了他們的最愛；他們採取了一切外在的保護措施，卻沒有信任那「看顧以色列之眼」的守護。

我說，請把你所珍愛的一切，都放到神的守護法則之中吧！

見證最重要的部分，就是展現**毫無畏懼**的信心。「我必在你前面行，修平崎嶇之地；我必打破銅門，砍斷鐵門。」《聖經》中所談的，是我們的意識狀態。「銅門」和「鐵門」指的就是你的懷疑、恐懼、憤恨和焦慮——所有的銅門和鐵門都是我們自己造成的，它們全都來自於我們無謂的想像，也就是對邪惡不幸的信念。

這裡有一個關於野生象群的故事：

有一群野生大象被關進一座圍欄裡，但是囚禁牠們的人不知道要怎樣才能防止牠們逃走，只好挖洞埋下一圈木樁，再用繩索把木樁圍籬層層圍住。雖然大象們只要跨過繩索，走出圍欄就能逃出來了，但是牠們都覺得自己做不到，牠們心中有一種錯覺，覺得繩索把牠們關在裡頭，讓牠們無法逃脫。

人們就像這群野象一樣：懷疑和恐懼就是一條圍繞限制住他們意識的長繩索，它讓人們無法跨出圍欄，清楚明晰的思考。

清楚明晰的觀想視野，就像一個旅人的指南針，他知道要往哪裡去。讓直覺做你的指南針，它永遠能帶領你走出困境。即便是一個沒有羅盤的人，只要聽從直覺的引導，必將找到走出叢林的道路，或是能在茫茫大海中駕駛船隻找到航向。

直覺會告訴你要跨過那條繩索，但令人吃驚的是，人們竟然如此輕忽他們最重要的導師——直覺。在一個人的道路上，永遠充滿了為他準備的訊息或引導，而我們的引導，通常看起來都很蠢又很微不足道——一個純粹只用理性層面思考的人，一定會立刻就把它否決掉；然而一個真理的學生，一定會時時把他的**靈性之耳**貼在靈性大地上，因為他知道自己正在接收到來自無上高靈的指導。

《聖經》裡經常會提到「微小而堅定的聲音」，這聲音並不是實際上真正存在的聲音，雖然有時候內在之耳會使用實際存在的言語。

當我們把理性思維拋開，一心尋求指引的時候，我們便敲開了所有知識的無盡供應，你必須知道的所有事情，都會在你面前顯現。有些人天生就很直覺，因此總是與無上高靈接觸，然而，要透過堅定的信念，我們才能達到有意識的接觸。

◆如果說祈禱是我們撥給神的電話，那麼直覺就是神打給我們的熱線。

很多人在神打電話給他們的時候，都在「忙線中」，因此沒能得到重要訊息；而當你處於沮喪、憤怒或是怨恨不滿時，你就是在「忙線中」。

你一定聽過這些話：「我太生氣了，沒辦法把事情好好看清楚。」我們也可以加上：「我太生氣了，沒辦法好好聽話。」你的負面情緒淹沒了直覺的聲音。

當你處於沮喪、憤怒或是怨恨不滿時，如果想走出絕望和匱乏的叢林，就得立刻說出真理的語言，因為「凡求告主名的，都必得救。」

一定有出路——求祢使我知道當行的道路。

我們必須停止計畫、安排以及謀策，放手讓無上的高靈用它自己的方法來解決問題。

神的力量是微妙、無聲而不可抗拒的，它能鏟平高山、填滿深谷，而且絕不失敗！至於我們的工作，就是為我們的祝福做好準備，並且跟隨直覺的指引。

現在，我們把決定道路的權利，交給無上的高靈。

顯化豐盛的話語

1．如果這符合神的計畫，我們就坦然接受，如果不是，請賜給我們同等價值的回報。

2．耶和華是我的牧者，我必不致缺乏。

3．我雖然行過死蔭的幽谷，也不怕遭害，因為祢與我同在；祢的杖，祢的竿，都安慰我。

4．在我敵人面前，祢為我擺設筵席；祢用油膏了我的頭，使我的福杯滿溢。

5．我擁有澄澈清澄的靈性視野，我清楚地看到眼前開闊的道路，在我經過的道路上沒有任何阻礙，我現在只看到奇蹟和驚喜發生。

6．我一生一世必有恩惠慈愛隨著我。

7．一定有出路——求祢使我知道當行之路。

Chapter 8

別先吃壞蘋果

——活在當下便是身處天堂——

在任何事上都不要憂慮。

「你們這小信的人哪！為什麼膽怯呢？」

《聖經》從頭到尾，都在告訴人們不要恐懼。恐懼，是人們唯一的敵人，是信心的反面展現。

耶穌基督曾說：「你們這小信的人哪！為什麼膽怯呢？」如果你能夠一心相信，任何事都是可能的。一個人若與神的力量相連結，就必是**不敗的**。約沙法王就是這樣的故事：

約沙法面臨太多寡不敵眾的場面，但是他不斷聽到無上高靈以同樣的聲音對他說：「不必因為這大軍而膽顫驚惶，因為勝敗不在於你，而在於神。」那聲音甚至告訴約沙法和他的軍隊，他們無需出戰。「只要穩守陣地，站立不動，看神為你們施行的拯救。」因為勝敗是在神的手中，而不是在他們。

約沙法指派了向耶和華歌唱的人，讚誦聖靈之美，走在軍隊的前面，讚美耶和華，說：「讚美神，因他的慈愛永遠長存。」

當他們來到曠野的瞭望樓，向那大軍觀望，只見伏屍遍地，沒有一個逃脫，敵人自己摧毀了自己，再也無法戰鬥。

《聖經》所談的，就是我們的意識狀態。你的敵人就是你的懷疑和恐懼，你的指責和憤恨，每個負面思想都是一個敵人，你可能得面臨寡不敵眾的場面，但是不必因為這大軍而膽顫驚惶，因為勝敗不在於你，而在於神。

當我們仔細研讀約沙法的故事，就會看到他總是在事前進行堅定信心的祈禱：「讚美神，因他的慈愛永遠長存。」他**絕口不提**關於敵人或是自己力量不足的事，只是把所有的關注都投在神的身上，當他開始歌唱讚美，神便安排伏兵伏擊他的敵人，將他們重重擊潰。當你**說出真理的語言**，你的敵對思想就被擊潰、融解並消失，因此，所有的不利情勢就跟著消失融解。

而當約沙法和他的軍隊來到曠野的瞭望樓，向那大軍觀望，只見伏屍遍地。

所謂「曠野的瞭望樓」，就是你意識中的崇高境界，你那無所畏懼的信心，你的安全之所。在那兒，你將超越克服一切的負面情勢，神的戰鬥便獲勝了。

「約沙法和他的人民就來收取敵人的財物，在屍首中見許多財物和珍寶，多得不能攜帶；因為財物甚多，只收取了三天。」意思是，當你讓神來為你贏得這場戰爭，那麼每一個不利局勢都會產出極大的祝福。「你的神使那咒詛變為祝福，因為你的神愛你。」聖靈的創造力是不可思議、無法想像的，它是純粹的靈性智慧，絕不容許任何事物來擾亂它的計畫。

對一般人來說，要「穩守陣地，站立不動」是非常困難的，這代表著你得保持平穩寧定，讓無上高靈來掌握情勢。然而人們通常都喜歡一頭衝進戰場，試著自己掌管一切，最終就是導致挫折與失敗的結果。

「這次你們不必出戰，只要穩守陣地，站立不動，看耶和華為你們施行的拯救。明天要出去迎敵，因為神必與你們同在。」這意思就是，不要試圖逃離這局勢，要無懼的走出去面對擋在你道路上的獅子，這樣獅子就會化為一隻可愛的小毛狗。獅子的凶猛，來自於你的恐懼。

一位偉大的詩人曾說過：「在勇氣之中，藏著天資、魔法與能量。」但以理正是因為不膽怯，才能讓獅子閉上大口：

當但以理還在獅子坑裡時，大流士王呼叫他，問他說他的神是否能解救

他脫離獅子的利牙，但以理回答道：「願王萬歲！我的神差遣使者封住獅子的口，叫獅子不傷我。」

在這個故事中，我們可以把獅子的順服態度，視為靈性力量的發揮結果，讓一整群的獅子從張牙舞爪變為溫順服從。但以理並沒有把注意力放在那群野獸身上，而是專注於靈性的光明與大能，因而將他於獅口下拯救出來，全身而退。

在每一天的生活當中，幾乎時時都會有各種形式的獅子出現在我們的道路上，匱乏、困頓、恐懼、不公義、憂懼或悲觀等等，都是日常生活中的獅子。你必須立刻昂首走到你所恐懼的情況面前，一旦你試圖逃避它，它就會一直跟著你，時時追捕著你。

許多人之所以失去他們珍惜或寶愛的事物，都是因為他們時時刻刻都在憂懼著「失去」這件事，他們盡一切可能，採取所有外在的保護措施，但這背後隱藏的，全都是令人恐懼的毀滅性畫面。如果想保有你所珍惜並寶愛的事物，你一定要清楚明白，它們都在神的**保護**之下，因此沒有任何事物可以傷害它們。

有一位女士，非常愛慕著一位男士，那男士長得非常好看，很受女性歡迎。她決定盡量阻止他與她所認識的某位特定女士見面，因為她非常篤定，這位女士會盡一切努力來破壞她，也就是俗話說的「把她幹掉」。有天晚上，她到戲院去，結果發現他也在那兒，就跟那位某女士在一起，他們早在一個受邀參加的宴會上認識了。她的恐懼吸引出這樣的情勢，讓恐懼成為真實了。

另一位女士有七個孩子，她全心明白他們都在神的守護之下，而他們也全

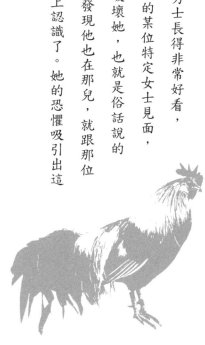

都平安無恙地長大了。一天，一個鄰居衝進她家說：「妳最好把妳那些孩子叫回來，他們全都在樹上爬上爬下，簡直是自殺行為，他們會讓自己送命的！」我的朋友回答道：「噢，他們只是在樹上玩捉迷藏，別擔心，別看他們，不會有事的。」就像但以理一樣，她轉過身不去理會那情勢，放心讓神去處理照看這一切。

一般人都是憎恨者、反抗者或是懊悔者，他們憎恨認識的人，也恨不認識的人；他們抗拒從黎明到深更的所有事；他們為自己所做的事懊悔，也為自己沒有做的事懊悔。跟這些人在一起真是一件非常累的事，他們讓身邊所有的親友都精疲力盡，這全都是因為他們沒有活在**美好的當下**，因而在這場生存遊戲中，失去了所有的籌碼，再也無招可出。

毫無畏懼的全心活在當下，就是身處天堂。也就是說，毫無憂懼的享用我們所擁有的，了解我們背後，有源源不絕的宇宙財富做為後盾，並且明白無懼的信心和說出的話語將釋放這份供應。早在數千年前，埃及人就已經很了解言語的力量。

我們可以在《聖經》中讀到：「看哪！我將一切都更新了！」透過我們所說出的真理言語，就能讓我們的身體、心靈和日常生活得到**更新**。

當所有的恐懼都被抹去，我們就能過著不可思議的美妙生活。我們要像約沙法一樣無所畏懼，一邊歌頌一邊前進：「讚美神，因他的慈愛永遠長存。」在我們高超意識的瞭望塔裡，我們只管穩守陣地，站立不動，看神所施行的拯救。

基督教是奠基在信心上的宗教，信心對人們的福祉賜予一種崇高的保證，一個人可以被不利局勢層層包圍，但是這份崇高保證烙印在潛意識的心靈之上，因此總有一條道路會打開，讓我們最終能展現出健康、富足和幸福的樣貌。

每個人都擁有一份源源不絕的無形財富：「我們尚未求告，就已得應允。」這份財富一直在等著我們用**信心**和**說出的話語**來釋放它。我們發現，耶穌基督所教導的，實在是一門**精確的科學**。

在世界博覽會上，愛廸生大樓裡有一幅紐約市的全景。薄暮時分，當這座城市被點亮時，這棟大樓就展現出各式各樣無數的燈光。展覽解說員介紹道：「這座城市靠電力來點亮，而電力是由開關來控制——只用一隻手，就能打開開關。」愛迪生就是一位對電力法則深具信念的人，他知道只要適當的駕馭和管理，就能讓電力做出驚人的成就，因為它看來似乎具有自己的智能。於是愛迪生設計製造出發電機，透過發電機讓電力能夠運作。經過愛迪生多年耐心、熱忱而專注投入的研究努力，如今，電力點亮了全世界，因為它已被駕馭和管理。

耶穌基督就是教導人們要**駕馭**並**管理**他們的**思想**，他知道恐懼就像未受控制的電力一樣危險，因此，我們一定得運用智慧和理解來掌控我們的言語和思想。

想像力就是人們的工作室，若是不去控制，讓想像力撒野狂奔，建立起恐懼的圖像，其危險就像騎上一匹未被馴服彈跳亂踢的野馬一樣。

我們都是在懷疑和恐懼的時代出生成長，人們告訴我們：奇蹟的年代已經過去了，等著迎接更糟的吧！

如今樂觀的人往往遭到嘲笑，幾句鮮明的話是這麼說的：「所謂悲觀的人，就是那些和樂觀者一起生活的人。」「要吃就先吃壞蘋果。」這些話竟被視為高度智慧的表現，人們完全不明白，相信並跟著這些忠告走，他們永遠都無法趕上好蘋果，因為當他們忙著把壞蘋果吃掉時，好蘋果也因為時間流逝而壞掉了。

如果所有的焦慮和恐懼都能被抹除，這個世界會是何等美麗啊！焦慮和憂愁這對雙胞胎，會讓人們淪為奴隸，摧毀人們的健康、富足和幸福。

只有一種方法可以擺脫恐懼——那就是把它翻轉過來變為信心，因為恐懼就是信心的反面。

「你們這小信的人哪！為什麼膽怯呢？」這些話語已經流傳了好幾世紀，耶穌基督教導我們，當人們相信凡事都有可能的時候，他們心中的信心就可以成為完全可靠的引導、守護與供給。

為了讓他的追隨者信服，耶穌基督曾一次又一次地證明神的力量，他

曾從那無形的供應中取得麵包和魚，他曾使死人復活，從魚的口中取出金錢，他並且告訴人們：「你們要做比這更大的事，因為我就要走了。」

我們知道他正在教一門精確無疑的科學——**心靈的科學**，關於思想的力量和言語的力量。我們必須有信心，因為信心會在潛意識心中註記理念、想法。

◆一旦某個想法被註記在潛意識中，它就一定會實體化。

這就是為什麼耶穌基督告訴人們「在信的人（有信心的人），凡事都能。」

那麼，我們要如何擺脫這焦慮——也就是所謂的「反信心」呢？

唯一能使它消融的方法，就是直接走到你所害怕的事物前，與它面對面。

有一個人失去了所有的錢，他住在一個貧乏破陋的地方，周圍都是貧困潦倒的人，他很怕把他僅有的一點錢也花掉。他全身上下大約只有五塊錢，雖然他試著找工作，但是每個人都拒絕了他。

某天早晨他醒來，面對著又一個充滿匱乏和失望的一天，突然，一個想法（或是第六感）冒出來，叫他去看馬展。這差不多會花光他所有的錢，但是能夠再次跟富有又成功人士在一起的想法，讓他滿心激動雀躍，他已經非常厭倦身邊一切都是貧乏事物。於是他毫無畏懼的用所有積蓄買了一張馬展的票，結果他在那兒遇到一個老朋友，對他說：「哈囉！吉姆，你這陣子都到哪兒去了？」展覽還沒結束，這位老朋友就邀他進入自己的公司，給了他一個超棒的職位。

他的第六感和渴望財富的無畏態度，將他放進了一個全新的振動頻率——

成功的頻率。養成習慣，讓自己習慣做出巨大擺盪，隨時轉向信心的那一邊，你就會得到神奇的美好回報。

就像我之前所說過的，我們總是驚異地看著馬戲團人員表演那些精采神妙的絕技，這是因為這些人有信心，相信自己能夠做到這些動作，並且能看到自己完成它們——凡是你無法看見自己完成的事，你就無法真正完成它。這些困難的絕技全都只是穩定和平衡的結果，而你的成功和幸福也是一樣的——得憑藉你的寧定和平衡才能達到。

全心信任神就像是在走鋼索，任何懷疑和恐懼都會讓你失去平衡，跌入貧乏和困頓的境地。這也像馬戲團表演者一樣——需要**不斷的練習**，不論你跌落多少次，都要爬起來再試一次，很快的，你就能達到保持穩定與平衡的習慣，然後，這世界就屬於你了。你將愉悅地走進你的國度，就像每一個馬戲團員看起來都非常**熱愛**他們的工作，不論那有多困難。樂隊開始演奏，觀眾熱烈鼓掌，他們臉上掛著微笑，但是請不要忘記，他們在訓練的時候，可是沒有音樂和掌聲的。

◆節奏、和諧與平衡，是通往成功和幸福的鑰匙，當你失去節奏，你也就失去了運氣。

在《聖經》腓力比書的第四章裡，我們可以讀到：「在任何事上都不要憂慮；然而要在一切事上，藉著禱告和祈求，以感謝的心把你們所求的告訴神。」這是多麼美好的安排，完全為人的福祉設想，人類，再也沒有憂慮和恐懼，只要懷抱感恩地祈求，一切美好幸福，將賜下給他。

顯化豐盛的話語

1. 我們尚未求告，就已得應允。

2. 在任何事上我都不會憂慮。

3. 看哪！我將一切都更新了！

4. 沒有什麼事情值得害怕，因為沒有任何力量能造成傷害。

5. 在我的勇氣之中，藏著天資、魔法與能量。

6. 神不會失敗，所以我也不會失敗。我內在的戰事已贏得勝利。

7. 黎明前必有黑暗，但黎明一定會到來，相信黎明吧！

8．我迎向盤踞在我道路上的雄獅，並且發現一個全副武裝的天使，依著基督之名取得勝利。

9．我不會去抗拒現狀，而會將它放在無限的愛與智慧手中，讓靈性的模式現在就實現。

Chapter 9

帶著神性的熱情去祝福

——你的語言就是你的世界——

眾城門哪，你們要抬起頭來！永久的門戶，你們要把頭抬起！那榮耀的王將要進來！

勝利與成就，是兩個絕妙美好的詞，那麼，既然我們已經明白言語和思想是一種**電波活動**的形式，我們就得小心的**遣詞用句**，只選擇那些我們希望成真的話語。

◆生命就像一場縱橫交錯的**填字遊戲**，正確的字能帶你找到答案。

許多人都在他們的談話中，劈哩啪啦、劍拔弩張地說著破壞性的話語，我們會聽到他們說：「我破產了！我生病了！」請記得，「憑你的話，你將被稱為義；也憑你的話，你將被定有罪。」你會因為自己的話被定罪，因為這些話語絕不會空手返回。

◆改變你的言語，就能改變你的世界，因為你的言語就是你的世界。

你會選擇你的食物，而現在這個世界都很重視卡洛里的概念，人們不會再吃蕎

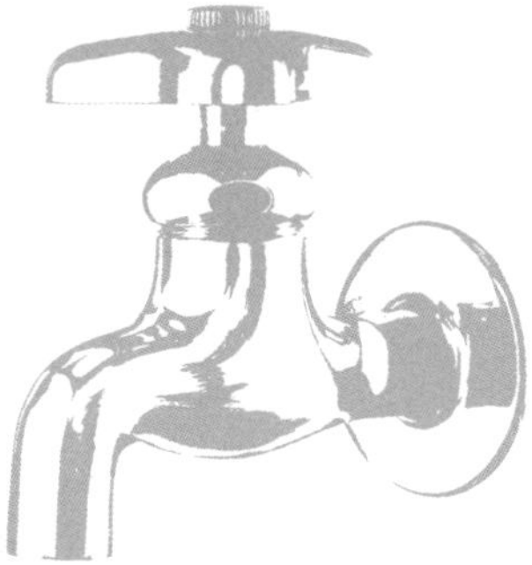

麥餅、牛排、馬鈴薯、派和三杯咖啡當做早餐，為了減重，他們會吃烤土司配柳橙汁，這是極大的節制戒律，但是人們會為了得到結果而努力實行。那麼，為什麼不試著來一場**正確話語的節食**呢？你一直都在品嘗語言的結果，這就是正面語言的價值。

你要刻意地在意識上建立起建設性的想法，當然，你的意識可能已經塞滿了毀滅性的想法，但是沒關係，只要持續不斷地說出真理的語言，就能消融這些負面的思考模式。這些思考模式是你自己用無謂的想像建立起來的，很可能在孩提時候，你就被教導說生活是艱苦的，快樂稍縱即逝，這個世界是冷酷而充滿敵意的，這些想法烙印在你的潛意識上，然後你發現事情真的就像他們所說的那樣。

然而只要能真正了解世界的真理，所有外在的想像畫面就會開始改變。因為它一直是唯一的一幅畫面，只要你的潛意識信念改變了，它就會跟著改變。

當我告訴人們關於語言的力量，以及言語和思想是一種**電波活動形式**，絕對不會空手返回時，他們都會說：「噢，真的那麼簡單嗎？」很多人都喜歡那些困難且難以理解的事，我相信，這就是為什麼耶穌基督那簡單到不可思議的教誨會在幾百年後就被遺忘，而人們建立起自己也一知半解的教條和儀式。如今，到了二十世紀，這件神祕的事終於被揭露出來，我們終於再次擁有了**最初始的單純**。

「祈求、相信，就必得著。」我們都知道，我們的信念或期待會被銘刻在潛意識中，並且實現成真。因此我們可以說，如果你祈求了，但是並不相信，那你就不會得到任何結果，因為是**信心造就期待**。

人們從無上高靈處取得他的供應補給，而無上高靈則是由耶穌基督——「你們在天上的父」所召喚。我們的內在之父被描述為一個親切慈愛的雙親，非常渴望把一切的美好事物傾注在他孩子身上。「你們這一小群哪！不要怕，因為你們的父樂意把國度賜給你們。」他教導我們，神的律法單純，是充滿愛與善意的法。「要愛人如己。」「你們希望別人怎樣對待你們，你們也應當怎樣對待別人。」

◆任何違反這**愛的法則**的行為，都會導致短路，「奸詐人的道路崎嶇難行。」

神是永恆不變的律法——「我是主（法），我永不改變。」

神性的想法是永恆不變的，也絕不輕易被改變。多麼美好的句子——永恆不變，絕不輕易被改變。

一位女士帶著滿滿的恐懼和不安來找我，她說多年來她一直被恐懼追趕著，即使她得到了全心所渴望的事物，一定會有什麼事發生搞砸這一切。於是我給了她這個句子：「妳生命的神聖計畫，是聖靈心中的完美設計，清明廉潔且堅不可摧，任何方法都無法破壞它。」就這樣，她意識上的一個重擔被卸了下來，這麼多年來，她第一次有了喜樂和自由的感覺。

去認識這真理，這真理就會給你一份自由感，很快的，這份感覺就會在外在生活**實現**，成為真正的自由。

當人們說出真理話語的時候，他就與無上高靈合而為一，這無上的高靈一直等待著人們的指揮調度，但它必須擁有決定方式的權利，你不可以限制它。

你體內的靈性活動會帶來健康，造成發生的疾病通常只有一個——淤塞，而治療方法也只有一個——疏通，讓它順利運行。淤塞和停滯是同一件事，人們總是說他們「陷入一成不變的泥沼」，而一個新的想法，就能讓他們離開那泥沼，我們一定得掙脫離開負面思考的泥沼。

「熱情」這個字，在字典裡的定義是「受到神的激發或心中有神進駐」。熱情是**神性的火焰**，能夠點燃他人心中的熱情。

要當一位超級業務，一定得對自己所販售的事物擁有熱情，若你覺得自己的工作很無聊或興趣缺缺，那熱情之火就熄滅了，結果就是沒有人會對它有興趣。

一位女士來找我，尋求事業成功的方法。她說：「我有一間小店，但裡頭經常都是空無一人，所以我也不是很想去開店。不過我最近突然開始覺得，這樣開店到底有什麼用？」我回答說：「如果妳一直用過去的態度去開店，那的確是完全沒用，妳只是在把客人趕跑罷了。妳得對妳賣的東西充滿熱情，也得對妳自己充滿熱情。妳要對妳內在的神的力量充滿熱情，早點起床去打開妳的店門，然後為蜂湧而至的人潮做好準備。」

講到這裡，她已經因為神性的期待而完全興奮，她盡可能一大早起床，然後立刻衝到店裡去，而人們一早就等在門口，人潮一整天都川流不息。

人們經常對我說：「救救我的事業。」我都會說——

◆「我只會救你，因為**你就是你的事業**。」

你的思想品質，會滲透到你所販售的每一件物品當中，然後所有的狀況都會與它緊密的相連。耶穌基督對於他的任務——必須把每一個人的**內在訊息**帶給天上的父——充滿了

神性的熱情。他這樣告訴人們：「奉他的名不論求什麼，都將賜給他們。」這是一個祈求與接受的訊息，他告訴他們該如何遵行靈法的性則：「無論祈求什麼，只要信，就必得著。」「當你禱告時，要相信你已得著。」「你們這小信的人哪！為什麼膽怯呢？」

在二千年之後，他的神性之火，已在所有真理奉行者的意識中重新燃起，我們正在進行一場基督精神的復興，一場新生，讓基督教再次興盛。他教導的是一種宇宙普同的準則，沒有任何教條或是儀式。我們看到許許多多不同信仰、不同教派的人們投入這場真理運動，它並沒有讓他們離開所屬的教會，事實上，許多神職人員現在都在教導形上學者所教的東西，因為耶穌基督就是最偉大的形上學者，因為他證實了自己的教說，並且行使奇蹟發生。他差遣他的門徒說：「去宣導福音，醫治病人。」他的訊息流傳了約三百年，然後，他的神性之火就滅失了。「你已得治癒。」這句話不曾再被說出，因為各種教條和儀式取代了它們的地位。

如今，我們看到人人群聚在這些真理中心，等著被醫治、祝福和賜福，他們已經學會「正確的祈禱」，並且對信仰有了理解。

一位女士告訴我她的祈禱得到回應的故事。

一次，這位女士的兒子寫信給她，說他正在開車，要到南加州出差，而她當天早上卻在早報上讀到那兒正暴發洪水，她立刻禱告，祈求神的守護。

她有一種很強大的安全感，知道兒子一定能得到保護。很快的她就得到他的消息，說有一些事情拖住他，讓他無法離開，所以他被耽擱了。若他照預定計畫離開，現在一定被困在洪水區。

對於那些得到回應的祈禱，我們會充滿神聖的熱切激情，這就是所謂的「見證」，因為這表示我們證實了真理，並且已經從某些束縛中解脫出來。

在許多讚美與感恩的詩篇中，第二十四首是最激昂熱情的一首。「眾城門哪！你們要抬起頭來！永久的門戶，你們要把頭抬起！那榮耀的王將要進來！榮耀的王是誰呢？萬軍之耶和華，他是榮耀的王。」

城門和門戶就象徵著人的意識，當你在意識中被升起時，就能連結到超意識，也就是你內在的神，於是那榮耀的神就進來了。這榮耀的神將解除你的重擔，為你贏得戰鬥，解決問題。

一般人對於「讓」那榮耀的神進來，都有極大的困難，懷疑、恐懼和憂慮會鎖上城門和門戶，把你的美好幸福排拒在外。

一位學員告訴我，她的負面思考曾經吸引一個狀況。她受邀參加一場重要的老朋友聚會，對她來說，能夠出席是重要至極的大事，由於極度渴望能去，她不斷對自己說：「我希望不要發生任何事，來把它搞砸了。」聚會的日子終於來臨，然而那天她一覺醒來，卻覺得頭痛欲裂。曾經有一陣子，她很容易頭痛，一痛起來要躺上好幾天才能平復，但是已經好多年沒痛了——她的懷疑和恐懼吸引來這個令人失望的結果。

她打電話給我說：「能不能請妳說幾句祝福，讓我能在傍晚前好起來，可以去參加聚會？」我回答：「當然可以啊！沒有任何事能破壞神的完美計畫。」就這樣，我說了祝福的話語。

不久之後，她跟我說了她的奇蹟。她說不管自己感覺如何，她開始為晚上的聚會做準備。她清理了珠寶首飾，把禮服準備好，隨時可以換裝，她張羅著每一個細節，即使她覺得頭痛到幾乎無法移動。近晚時分，她說她有一種很特別的感覺，好像是有一層大霧從她的意識中消散，然後她完全好了。她參加了宴會，度過了美好的時光。

我相信如果她沒有說「我想在夜晚來臨前痊癒」這句話，應該會好得更快速。我們不斷被自己說出的語言困住，所以她一直等到傍晚才完全痊癒。

◆「憑你的話，你將被稱為義；也憑你的話，你將被定有罪。」

我認識一個人，他不論走到哪裡都是人們注目的焦點，因為他總是對某件事情充滿熱情，不論是鞋子、服飾還是髮型，他總是能點燃別人的熱情，讓他們也去買同樣的東西。他在其中並未得到什麼實質的回饋，他只是很自然地充滿熱情。

◆「如果你想要他人對你產生興趣，就得先讓自己對某件事產生興趣。」

一個**有趣**的人一定是充滿熱情的人，我們都經常聽人們說：「請告訴我你的興趣是什麼？」

許多人並沒有自身的興趣，一心想要打聽別人都在做些什麼。這些人通常都是那些大清早就扭開收音機，一直聽到深夜的人。他們的每分每秒都必須有娛樂，因為他們自己的日常生活實在過於無聊。

曾經有一位女士告訴我：「我超愛別人的私事。」她靠八卦為生，她的對話裡充滿了「有人跟我說……」、「據我所了解……」、「我聽說……」不消說，她現在已經在為這業果付出代價了。一個重大的不幸事件突然降臨在她身上，這會兒所有人都知道她的私事了。

輕忽自己的日常事務，卻對別人正在做什麼懷著莫名其妙的好奇，這是非常危險的事。

◆我們都應忙著做那些讓自己更完美的事，而不是熱衷於探聽別人的事務。

盡量努力把你的失望轉化為**快樂的驚喜**，把所有的失敗都轉化為**成功**，把所有的記恨轉化**寬恕**，把所有的不義轉化為**公義**。要做到這些事，已經夠你忙著去讓自己的生命更臻完美，你不會有時間去管別人的閒事的。

藉著施展奇蹟、治癒病患和起死回生，耶穌基督燃起了群眾的熱情。「有一大群人，因為看到他在病人身上所行的神蹟，就跟隨他。」當我們讀到這段文字，似乎也感受到圍繞著他的群眾的熱情。與他同在，任何事情都是可能的，因為他知道，他和那天上的父，事實上是一體同一的。

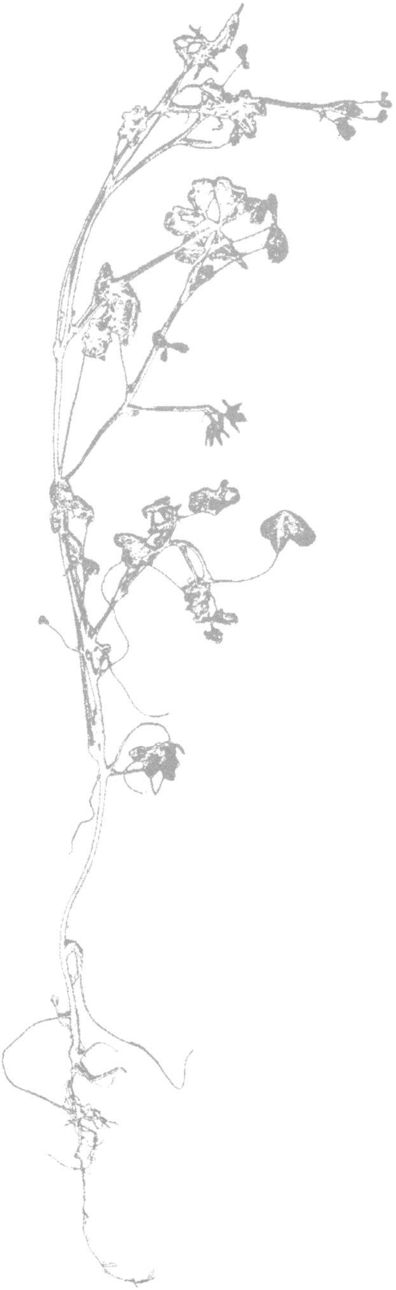

◆帶著神性的熱情，我祝福我擁有的一切，並且驚奇喜悅地看著它們不斷成長壯大。

顯化豐盛的話語

1. 我生命的神聖計畫，是聖靈心中的完美設計，清明廉潔且堅不可摧，任何方法都無法破壞它。

2. 我已得治癒。

3. 沒有任何事能破壞神的完美計畫。

4. 帶著神性的熱情，我祝福我擁有的一切，並且驚奇喜悅地看著它們不斷成長壯大。